Wolf von Kopp-Colomb
Jagdrecht
Bundesjagdgesetz, Hessisches Jagdrecht

Zu diesem Buch

Die Zusammenstellung der Gesetze erfolgte auf Grundlage der in den Verkündungsblättern veröffentlichten Fassungen unter Berücksichtigung von erfolgten Änderungen. Stand der Gesetze und Verordnungen: 10.11.2016. Übertragungsfehler sind nicht ausgeschlossen. Für die Textfassungen wird keine Haftung übernommen.

Die Gültigkeit der „Richtlinie für die Hege und Bejagung des Schalenwildes in Hessen" wurde nicht verlängert. Die Auslegung des Hessischen Jagdgesetzes dürfte sich dennoch an der Richtlinie orientieren.

Rechtsquellen im Internet

Bundesrecht: www.gesetze-im-internet.de
Hessisches Landesrecht: www.rv.hessenrecht.hessen.de
Siehe auch die Internetseiten der oberen Jagdbehörde (www.rp-kassel.hessen.de) und obersten Jagdbehörde in Hessen (www.umwelt.hessen.de).

Jagdrecht
Bundesjagdgesetz, Hessisches Jagdrecht

zusammengestellt von Wolf von Kopp-Colomb

Impressum

Bibliografische Information der Deutschen Nationalbibliothek
Die Deutsche Nationalbibliothek verzeichnet diese Publikation in der Deutschen Nationalbibliografie; detaillierte bibliografische Daten sind im Internet über www.dnb.de abrufbar.

Copyright: © 2016 Wolf von Kopp-Colomb
Herstellung und Verlag: BoD – Books on Demand, Norderstedt
ISBN 9783743113541

Inhaltsverzeichnis

Bundesjagdgesetz und Hessisches Jagdgesetz 6

Hessische Jagdverordnung (HJagdV) 56

Richtlinie für die Hege und Bejagung des Schalenwildes in Hessen 75

Unfallverhütungsvorschrift Jagd (VSG 4.4) 82

Strafgesetzbuch (StGB) – Auszug 87

Strafprozeßordnung (StPO) – Auszug 88

Anhang: Jagdzeiten in Hessen 89

Bundesjagdgesetz und Hessisches Jagdgesetz

Bundesjagdgesetz (BJagdG)

Ausfertigungsdatum: 29.11.1952

Vollzitat:

„Bundesjagdgesetz in der Fassung der Bekanntmachung vom 29. September 1976 (BGBl. I S. 2849), das zuletzt durch Artikel 1 des Gesetzes vom 1. November 2016 (BGBl. I S. 2451) geändert worden ist"

I. Abschnitt
Das Jagdrecht

§ 1 Inhalt des Jagdrechts
(1) Das Jagdrecht ist die ausschließliche Befugnis, auf einem bestimmten Gebiet wildlebende Tiere, die dem Jagdrecht unterliegen, (Wild) zu hegen, auf sie die Jagd auszuüben und sie sich anzueignen. Mit dem Jagdrecht ist die Pflicht zur Hege verbunden.
(2) Die Hege hat zum Ziel die Erhaltung eines den landschaftlichen und landeskulturellen Verhältnissen angepaßten artenreichen und gesunden Wildbestandes sowie die Pflege und Sicherung seiner Lebensgrundlagen; auf Grund anderer Vorschriften bestehende gleichartige Verpflichtungen bleiben unberührt. Die Hege muß so durchgeführt werden, daß Beeinträchtigungen einer ordnungsgemäßen land-, forst- und fischereiwirtschaftlichen Nutzung, insbesondere Wildschäden, möglichst vermieden werden.
(3) Bei der Ausübung der Jagd sind die allgemein anerkannten Grundsätze deutscher Weidgerechtigkeit zu beachten.
(4) Die Jagdausübung erstreckt sich auf das Aufsuchen, Nachstellen, Erlegen und Fangen von Wild.
(5) Das Recht zur Aneignung von Wild umfaßt auch die ausschließliche Befugnis, krankes oder verendetes Wild, Fallwild und Abwurfstangen sowie die Eier von Federwild sich anzueignen.
(6) Das Jagdrecht unterliegt den Beschränkungen dieses Gesetzes und der in seinem

Hessisches Jagdgesetz (HJagdG)
in der Fassung vom 5. Juni 2001

Vollzitat:

„Hessisches Jagdgesetz in der Fassung der Bekanntmachung vom 5. Juni 2001 (GVBl. I 2001, 271), zuletzt geändert durch Artikel 3 des Gesetzes vom 23. Juli 2015 (GVBl. I S. 293)"

ERSTER TEIL
Grundsätze der Jagd, Jagdrecht

§ 1 Aufgaben und Ziele des Gesetzes
(1) Aufgabe dieses Gesetzes ist es, die Jagd als nachhaltige Nutzung der Natur und als gewachsenen Bestandteil der Landeskultur zu ordnen und zu fördern. Die jagdlichen Erfordernisse sind in Einklang zu halten mit den Belangen des allgemeinen Wohls.
(2) Bei der Planung und Durchführung der Hege und der Jagd sind folgende Ziele anzustreben:
1. Die Vielfalt der wild lebenden Tiere und Pflanzen im jeweiligen Naturraum ist zu erhalten. Für alle vorkommenden Arten soll ausreichend Lebensraum zur Verfügung stehen. Bedrohte Tier- und Pflanzenarten sind besonders zu schützen und durch geeignete Maßnahmen zu fördern.
2. Der Lebensraum des Wildes ist zu fördern und gegen vermeidbare Zerstörung und Beeinträchtigung zu schützen. Dabei ist auch den Belangen von Land- und Forstwirtschaft, Freizeit und Erholung sowie Siedlung und Infrastruktur angemessen Rechnung zu tragen.
3. Das Wild ist artgerecht zu hegen und weidgerecht zu bejagen; die Jagd ist so auszuüben, dass dem Wild keine vermeidbaren

Rahmen ergangenen landesrechtlichen Vorschriften.

§ 2 Tierarten
(1) Tierarten, die dem Jagdrecht unterliegen, sind:
1. Haarwild:
   Wisent (Bison bonasus L.),
   Elchwild (Alces alces L.),
   Rotwild (Cervus elaphus L.),
   Damwild (Dama dama L.),
   Sikawild (Cervus nippon TEMMINCK),
   Rehwild (Capreolus capreolus L.),
   Gamswild (Rupicapra rupicapra L.),
   Steinwild (Capra ibex L.),
   Muffelwild (Ovis ammon musimon PALLAS),
   Schwarzwild (Sus scrofa L.),
   Feldhase (Lepus europaeus PALLAS),
   Schneehase (Lepus timidus L.),
   Wildkaninchen (Oryctolagus cuniculus L.),
   Murmeltier (Marmota marmota L.),
   Wildkatze (Felis silvestris SCHREBER),
   Luchs (Lynx lynx L.),
   Fuchs (Vulpes vulpes L.),
   Steinmarder (Martes foina ERXLEBEN),
   Baummarder (Martes martes L.),
   Iltis (Mustela putorius L.),
   Hermelin (Mustela erminea L.),
   Mauswiesel (Mustela nivalis L.),
   Dachs (Meles meles L.),
   Fischotter (Lutra lutra L.),
   Seehund (Phoca vitulina L.);
2. Federwild:
   Rebhuhn (Perdix perdix L.),
   Fasan (Phasianus colchicus L.),
   Wachtel (Coturnix coturnix L.),
   Auerwild (Tetrao urogallus L.),
   Birkwild (Lyrurus tetrix L.),
   Rackelwild (Lyrus tetrix x Tetrao urogallus),
   Haselwild (Tetrastes bonasia L.),
   Alpenschneehuhn (Lagopus mu-

Schmerzen oder Leiden zugefügt werden. Diesem Ziel dient insbesondere auch die Ausbildung brauchbarer Jagdhunde.
4. Die Wildbestände müssen den Möglichkeiten und der Leistungsfähigkeit des Naturraumes angepasst sein. Alle Regelungen sind so zu treffen, dass ein verträgliches Miteinander von Flur, Wald und Wild sowie ein entsprechend wirkender Interessenausgleich stattfindet.
5. Die Inhaber des Jagdrechts und die Jägerschaft sollen in die Lage versetzt und verpflichtet werden, diese Ziele möglichst weitgehend in eigener Verantwortung zu verwirklichen. Im Rahmen des Reviersystems soll möglichst vielen Jägerinnen und Jägern die Möglichkeit zur Ausübung der Jagd geboten werden.

§ 2 Hegepflicht
(1) In jedem Jagdbezirk ist anzustreben, dass die Inhaber des Jagdrechts, in gemeinschaftlichen Jagdbezirken vertreten durch die Jagdgenossenschaft, mindestens 0,5 vom Hundert der bejagbaren Fläche zur Anlage qualifizierter Äsungsflächen zur Verfügung stellen, die dem Wild Äsung und im Feld auch Deckung bieten.

(2) Der Jagdausübungsberechtigte hat die natürlichen Lebensgrundlagen des Wildes zu schützen, zu erhalten und gegebenenfalls zu verbessern. Es ist insbesondere seine Aufgabe, im Einvernehmen mit den Grundstückseigentümern und Nutzungsberechtigten durch Maßnahmen der Reviergestaltung und Äsungsverbesserung dem Wild Äsungs-, Deckungs- und Ruhebereiche zu schaffen und zu erhalten.

(3) Auf Äsungsflächen im Wald ist der Anbau von Mais, Kartoffeln und Rüben sowie der Anbau von Getreide in Reinsaat unzulässig.

§ 3 Anzeigepflicht
(1) Wer an Orten, an denen er zur Ausübung der Jagd nicht berechtigt ist, Besitz oder Gewahrsam an lebendem oder verendetem

tus MONTIN),
Wildtruthuhn (Meleagris gallopavo L.),
Wildtauben (Columbidae),
Höckerschwan (Cygnus olor GMEL.),
Wildgänse (Gattungen Anser BRISSON und Branta SCOPOLI),
Wildenten (Anatinae),
Säger (Gattung Mergus L.),
Waldschnepfe (Scolopax rusticola L.),
Bläßhuhn (Fulica atra L.),
Möwen (Laridae),
Haubentaucher (Podiceps cristatus L.),
Großtrappe (Otis tarda L.),
Graureiher (Ardea cinerea L.),
Greife (Accipitridae),
Falken (Falconidae),
Kolkrabe (Corvus corax L.).

(2) Die Länder können weitere Tierarten bestimmen, die dem Jagdrecht unterliegen.
(3) Zum Schalenwild gehören Wisente, Elch-, Rot-, Dam-, Sika-, Reh-, Gams-, Stein-, Muffel- und Schwarzwild.
(4) Zum Hochwild gehören Schalenwild außer Rehwild, ferner Auerwild, Steinadler und Seeadler. Alles übrige Wild gehört zum Niederwild.

§ 3 Inhaber des Jagdrechts, Ausübung des Jagdrechts

(1) Das Jagdrecht steht dem Eigentümer auf seinem Grund und Boden zu. Es ist untrennbar mit dem Eigentum am Grund und Boden verbunden. Als selbständiges dingliches Recht kann es nicht begründet werden.
(2) Auf Flächen, an denen kein Eigentum begründet ist, steht das Jagdrecht den Ländern zu.
(3) Das Jagdrecht darf nur in Jagdbezirken nach Maßgabe der §§ 4ff. ausgeübt werden.

Wild oder an sonstigen Gegenständen im Sinne des § 1 Abs. 5 Bundesjagdgesetz in der Fassung vom 29. September 1976 (BGBl. I S. 2849), zuletzt geändert durch Gesetz vom 9. Dezember 2010 (BGBl. I S. 1934) erlangt, hat diese unverzüglich den Jagdausübungsberechtigten oder der nächsten Polizeidienststelle anzuzeigen. Diese haben eine am Fundort jagdausübungsberechtigte Person von der Anzeige zu benachrichtigen. Besteht die Gefahr des Verderbs, so sind die Gegenstände für den Jagdausübungsberechtigten zu verwerten. Sind Jagdausübungsberechtigte nicht festzustellen, so ist der Erlös wohltätigen Zwecken zuzuführen.
(2) Zur Anzeige nach Abs. 1 Satz 1 ist insbesondere verpflichtet, wer ein Fahrzeug führt und damit Schalenwild verletzt oder getötet hat.
(3) Die Vorschriften der Abs. 1 und 2 gelten nicht für befriedete Bezirke im Sinne des § 6 Bundesjagdgesetz und § 5 Abs. 1 und 2 dieses Gesetzes.

II. Abschnitt
Jagdbezirke und Hegegemeinschaften

1. Allgemeines

§ 4 Jagdbezirke
Jagdbezirke, in denen die Jagd ausgeübt werden darf, sind entweder Eigenjagdbezirke (§ 7) oder gemeinschaftliche Jagdbezirke (§ 8).

§ 5 Gestaltung der Jagdbezirke
(1) Jagdbezirke können durch Abtrennung, Angliederung oder Austausch von Grundflächen abgerundet werden, wenn dies aus Erfordernissen der Jagdpflege und Jagdausübung notwendig ist.
(2) Natürliche und künstliche Wasserläufe, Wege, Triften und Eisenbahnkörper sowie ähnliche Flächen bilden, wenn sie nach Umfang und Gestalt für sich allein eine ordnungsmäßige Jagdausübung nicht gestatten, keinen Jagdbezirk für sich, unterbrechen nicht den Zusammenhang eines Jagdbezirkes und stellen auch den Zusammenhang zur Bildung eines Jagdbezirkes zwischen getrennt liegenden Flächen nicht her.

ZWEITER TEIL
Jagdbezirke

§ 4 Gestaltung der Jagdbezirke
(1) Die Abrundung von Jagdbezirken nach § 5 Bundesjagdgesetz wird von der Jagdbehörde auf Antrag der Beteiligten oder von Amts wegen vorgenommen. Hierbei soll die Gesamtgröße der Jagdbezirke möglichst wenig verändert werden. In laufende Pachtverhältnisse darf nur mit Zustimmung der Vertragsteile eingegriffen werden.
(2) Bei Angliederung an einen Eigenjagdbezirk ist über die angegliederten Flächen ein Pachtvertrag abzuschließen. Kommt dieser nicht zustande, so wird von der Jagdbehörde, in deren Bezirk der Jagdbezirk ganz oder zum größten Teil liegt, ein Zwangspachtvertrag festgesetzt. Auf das Verfahren finden die Vorschriften des Gesetzes über das Verfahren in Familiensachen und in den Angelegenheiten der freiwilligen Gerichtsbarkeit entsprechend Anwendung.
(3) Die in § 5 Abs. 2 Bundesjagdgesetz genannten Flächen sind benachbarten Jagdbezirken auch dann anzugliedern, wenn sie die Größe eines selbständigen Jagdbezirks aufweisen. Bei Angliederung solcher Flächen an einen Eigenjagdbezirk ist ein Pachtzins nur zu zahlen, wenn die Ausübung der Jagd auf jenen Flächen nicht durch einschränkende Bestimmungen wesentlich erschwert oder unmöglich ist.
(4) Jagdbezirke, die vor der Abrundung die vorgeschriebene Mindestgröße aufweisen, verlieren ihre Eigenschaft als selbständiger Jagdbezirk nur dann, wenn sie sich durch die Abrundung um mehr als ein Fünftel ihrer Mindestgröße verkleinern. In diesem Falle sind die Restflächen benachbarten Jagdbezirken anzugliedern.

§ 6 Befriedete Bezirke, Ruhen der Jagd

Auf Grundflächen, die zu keinem Jagdbezirk gehören, und in befriedeten Bezirken ruht die Jagd. Eine beschränkte Ausübung der Jagd kann gestattet werden. Tiergärten fallen nicht unter die Vorschriften dieses Gesetzes.

§ 6a Befriedung von Grundflächen aus ethischen Gründen

(1) Grundflächen, die zu einem gemeinschaftlichen Jagdbezirk gehören und im Eigentum einer natürlichen Person stehen, sind auf Antrag des Grundeigentümers zu befriedeten Bezirken zu erklären (Befriedung), wenn der Grundeigentümer glaubhaft macht, dass er die Jagdausübung aus ethischen Gründen ablehnt. Eine Befriedung ist zu versagen, soweit Tatsachen die Annahme rechtfertigen, dass ein Ruhen der Jagd auf der vom Antrag umfassten Fläche bezogen auf den gesamten jeweiligen Jagdbezirk die Belange

1. der Erhaltung eines artenreichen und gesunden Wildbestandes sowie der Pflege und Sicherung seiner Lebensgrundlagen,
2. des Schutzes der Land-, Forst- und Fischereiwirtschaft vor übermäßigen Wildschäden,
3. des Naturschutzes und der Landschaftspflege,
4. des Schutzes vor Tierseuchen oder
5. der Abwendung sonstiger Gefahren für die öffentliche Sicherheit und Ordnung

gefährdet. Ethische Gründe nach Satz 1 liegen insbesondere nicht vor, wenn der Antragsteller

1. selbst die Jagd ausübt oder die Ausübung der Jagd durch Dritte auf einem ihm gehörenden Grundstück duldet oder
2. zum Zeitpunkt der behördlichen Entscheidung einen Jagdschein gelöst oder beantragt hat.

Der Antrag ist schriftlich oder zur Niederschrift bei der zuständigen Behörde zu stellen. Der Entscheidung über den Antrag hat neben der Anhörung des Antragstellers eine Anhörung der Jagdgenossenschaft, des Jagdpächters, angrenzender Grundeigentümer,

§ 5 Befriedete Bezirke

(1) Befriedete Bezirke nach § 6 Satz 1 Bundesjagdgesetz sind
1. Gebäude, die zum Aufenthalt von Menschen dienen und Gebäude, die mit solchen Gebäuden räumlich zusammenhängen,
2. Hofräume und Hausgärten, die unmittelbar an ein Wohngebäude anstoßen und durch Umfriedung begrenzt oder sonst vollständig abgeschlossen sind,
3. Kleingartenanlagen nach dem Bundeskleingartengesetz, eingefriedete Campingplätze,
4. Friedhöfe und
5. Wildgehege außer Jagdgehegen.

(2) Die Jagdbehörde kann auf Antrag von Eigentümern oder Nutzungsberechtigten oder von Amts wegen
1. öffentliche Anlagen und Grundflächen, die durch Einzäunung oder auf andere Weise gegen den Zutritt von Menschen abgeschlossen und deren Eingänge und Einsprünge absperrbar sind,
2. stehende Gewässer im Sinne des § 1 Hessisches Fischereigesetz vom 19. Dezember 1990 (GVBl. I S. 776), geändert durch Gesetz vom 5. Februar 1992 (GVBl. I S. 61, 95), einschließlich der darin gelegenen Inseln

ganz oder teilweise befrieden.

(3) Eigentümer und Nutzungsberechtigte von befriedeten Grundflächen sowie von ihnen Beauftragte dürfen dort Wildkaninchen und Beutegreifer fangen, töten und sich aneignen. Dies gilt nicht für Tiere, die besonders geschützt sind. Fanggeräte dürfen nur eingesetzt werden, wenn sie die Voraussetzungen des § 19 Abs. 1 erfüllen, und nur von Personen nach Satz 1, die an einem anerkannten Ausbildungslehrgang für die Fangjagd nach § 19 Abs. 2 teilgenommen haben. Dabei ist § 22 Abs. 4 des Bundesjagdgesetzes zu beachten.

(4) In befriedeten Bezirken kann die Jagdbehörde die Jagdausübung in Ausnahmefällen gestatten. § 20 Abs. 1 Bundesjagdgesetz ist zu beachten. Die waffenrechtlichen Vorschriften bleiben unberührt.

des Jagdbeirats sowie der Träger öffentlicher Belange vorauszugehen.
(2) Die Befriedung soll mit Wirkung zum Ende des Jagdpachtvertrages erfolgen. Sofern dies dem Antragsteller unter Abwägung mit den schutzwürdigen Belangen der Jagdgenossenschaft nicht zuzumuten ist, kann die Behörde einen früheren Zeitpunkt, der jedoch nicht vor Ende des Jagdjahres liegt, bestimmen. In den Fällen des Satzes 2 kann die Jagdgenossenschaft vom Grundeigentümer den Ersatz des Schadens verlangen, der ihr durch die vorzeitige Befriedung entsteht.
(3) Die Befriedung kann räumlich auf einen Teil der Antragsfläche sowie zeitlich beschränkt werden, soweit dies zur Wahrung der Belange nach Absatz 1 Satz 2 erforderlich ist.
(4) Die Befriedung erlischt vorbehaltlich der Sätze 2 und 3 drei Monate nach Übergang des Eigentums an der befriedeten Grundfläche auf einen Dritten. Stellt der Dritte während des Laufs der Frist nach Satz 1 einen Antrag auf erneute Befriedung, so erlischt die bestehende Befriedung mit dem Wirksamwerden der behördlichen Entscheidung über den Antrag. Verzichtet der Dritte vor Ablauf der Frist nach Satz 1 auf einen Antrag auf erneute Befriedung, so erlischt die bestehende Befriedung mit dem Zugang der Verzichtserklärung bei der zuständigen Behörde. Der Grundeigentümer hat den Eigentumswechsel der zuständigen Behörde anzuzeigen. Die Befriedung ist zu widerrufen, wenn

1. der Grundeigentümer schriftlich gegenüber der zuständigen Behörde den Verzicht auf die Befriedung erklärt oder
2. der Grundeigentümer die Jagd ausübt, einen Jagdschein löst oder die Ausübung der Jagd durch Dritte auf einem ihm gehörenden Grundstück duldet.

Die Befriedung ist in der Regel zu widerrufen, wenn Tatsachen bekannt werden, die den Anspruch auf Erklärung zum befriedeten Bezirk entfallen lassen. Die Befriedung ist unter den Vorbehalt des Widerrufs zu stellen für den Fall, dass ein oder mehrere weitere begründete Anträge auf Befriedung in demselben Jagdbezirk gestellt werden und nicht allen Anträgen insgesamt ohne Gefährdung der Belange nach Absatz 1 Satz 2 stattgegeben werden kann. Im Übrigen gelten die verwaltungsverfahrensrechtlichen Vorschriften über Rücknahme und Widerruf von Verwaltungsakten.

(5) Die zuständige Behörde kann eine beschränkte Jagdausübung auf den für befriedet erklärten Grundflächen anordnen, soweit dies zur Vermeidung übermäßiger Wildschäden, der Gefahr von Tierseuchen, aus Gründen des Naturschutzes oder des Tierschutzes, der Seuchenhygiene, der Gewährleistung der Sicherheit des Verkehrs auf öffentlichen Verkehrswegen oder der Abwendung sonstiger Gefahren für die öffentliche Sicherheit und Ordnung erforderlich ist. Widerspruch und Klage gegen die Anordnung haben keine aufschiebende Wirkung. Kommt der Grundeigentümer der Anordnung nicht nach, so kann die zuständige Behörde für dessen Rechnung die Jagd ausüben lassen.

(6) Wildschäden an Grundstücken, die zum gemeinschaftlichen Jagdbezirk gehören, hat der Grundeigentümer der befriedeten Grundfläche nach dem Verhältnis des Flächenanteils seiner Grundfläche an der Gesamtfläche des gemeinschaftlichen Jagdbezirks anteilig zu ersetzen. Dies gilt nicht, sofern das schädigende Wild auf der befriedeten Grundfläche nicht vorkommt oder der Schaden auch ohne die Befriedung der Grundfläche eingetreten wäre.

(7) Der Grundeigentümer der befriedeten Fläche hat keinen Anspruch auf Ersatz von Wildschäden.

(8) Die Grundsätze der Wildfolge sind im Verhältnis des gemeinschaftlichen Jagdbezirks zu der nach Absatz 1 für befriedet erklärten Grundfläche entsprechend anzuwenden. Einer Vereinbarung nach § 22a Absatz 2 bedarf es nicht. Der Grundeigentümer des für befriedet erklärten Grundstücks ist über die Notwendigkeit der Wildfolge, soweit Belange des Tierschutzes nicht entgegenstehen bereits vor Beginn der Wildfolge, unverzüglich in Kenntnis zu setzen.

(9) Das Recht zur Aneignung von Wild nach § 1 Absatz 1 Satz 1 steht in den Fällen der nach Absatz 5 behördlich angeordneten Jagd und der Wildfolge nach Absatz 8 dem

Jagdausübungsberechtigten des Jagdbezirks oder dem beauftragten Jäger zu.

(10) Die Absätze 1 bis 9 sind auf Grundflächen, die einem Eigenjagdbezirk kraft Gesetzes oder auf Grund behördlicher Entscheidung angegliedert sind, entsprechend anzuwenden.

2. Eigenjagdbezirke

§ 7

(1) Zusammenhängende Grundflächen mit einer land-, forst- oder fischereiwirtschaftlich nutzbaren Fläche von 75 Hektar an, die im Eigentum ein und derselben Person oder einer Personengemeinschaft stehen, bilden einen Eigenjagdbezirk. Die Länder können abweichend von Satz 1 die Mindestgröße allgemein oder für bestimmte Gebiete höher festsetzen. Soweit am Tag des Inkrafttretens des Einigungsvertrages in den Ländern eine andere als die in Satz 1 bestimmte Größe festgesetzt ist, behält es dabei sein Bewenden, falls sie nicht unter 70 Hektar beträgt. Die Länder können, soweit bei Inkrafttreten dieses Gesetzes eine solche Regelung besteht, abweichend von Satz 1 bestimmen, daß auch eine sonstige zusammenhängende Fläche von 75 Hektar einen Eigenjagdbezirk bildet, wenn dies von Grundeigentümern oder Nutznießern zusammenhängender Grundflächen von mindestens je 15 Hektar beantragt wird.

(2) Ländergrenzen unterbrechen nicht den Zusammenhang von Grundflächen, die gemäß Absatz 1 Satz 1 einen Eigenjagdbezirk bilden. In den Fällen des Absatzes 1 Satz 3 besteht ein Eigenjagdbezirk, wenn nach den Vorschriften des Landes, in dem der überwiegende Teil der auf mehrere Länder sich erstreckenden Grundflächen liegt, für die Grundflächen insgesamt die Voraussetzungen für einen Eigenjagdbezirk vorliegen würden. Im übrigen gelten für jeden Teil eines über mehrere Länder sich erstreckenden Eigenjagdbezirkes die Vorschriften des Landes, in dem er liegt.

(3) Vollständig eingefriedete Flächen sowie an der Bundesgrenze liegende zusammenhängende Grundflächen von geringerem als 75 Hektar land-, forst- oder fischereiwirtschaftlich nutzbaren Raum können all-

§ 6 Eigenjagdbezirke

(1) In einem Eigenjagdbezirk bis zu 150 Hektar dürfen nicht mehr als zwei Personen jagdausübungsberechtigt sein. Für größere Eigenjagdbezirke kann je angefangene 75 Hektar eine weitere Person jagdausübungsberechtigt sein.

(2) Haben sich Eigentümer zusammenhängender Grundflächen gegenseitig das Miteigentum an diesen Flächen zu einem geringen Bruchteil durch Rechtsgeschäft übertragen, so gelten diese Grundflächen als im Miteigentum einer Personengemeinschaft im Sinne des § 7 Abs. 1 Satz 1 Bundesjagdgesetz stehend.

(3) Wird auf die Selbständigkeit eines Eigenjagdbezirks durch einvernehmliche Erklärung gegenüber der Jagdbehörde verzichtet, sind die Flächen angrenzenden Jagdbezirken anzugliedern. Der Verzicht wirkt auf die Dauer der Mindestpachtzeit.

(4) Die Jagdbehörde ist zuständig für die Erklärung nach § 7 Abs. 3 Bundesjagdgesetz. Sie kann bestimmen, daß die Jagd in diesen Bezirken nur unter Beschränkungen ausgeübt werden darf. Als eingefriedet gelten Grundflächen, die gegen das Ein- und Auswechseln von Schalenwild dauernd umzäunt sind und keine Einsprünge besitzen.

gemein oder unter besonderen Voraussetzungen zu Eigenjagdbezirken erklärt werden; dabei kann bestimmt werden, daß die Jagd in diesen Bezirken nur unter Beschränkungen ausgeübt werden darf.
(4) In einem Eigenjagdbezirk ist jagdausübungsberechtigt der Eigentümer. An Stelle des Eigentümers tritt der Nutznießer, wenn ihm die Nutzung des ganzen Eigenjagdbezirkes zusteht.

3. Gemeinschaftliche Jagdbezirke

§ 8 Zusammensetzung
(1) Alle Grundflächen einer Gemeinde oder abgesonderten Gemarkung, die nicht zu einem Eigenjagdbezirk gehören, bilden einen gemeinschaftlichen Jagdbezirk, wenn sie im Zusammenhang mindestens 150 Hektar umfassen.
(2) Zusammenhängende Grundflächen verschiedener Gemeinden, die im übrigen zusammen den Erfordernissen eines gemeinschaftlichen Jagdbezirkes entsprechen, können auf Antrag zu gemeinschaftlichen Jagdbezirken zusammengelegt werden.
(3) Die Teilung gemeinschaftlicher Jagdbezirke in mehrere selbständige Jagdbezirke kann zugelassen werden, sofern jeder Teil die Mindestgröße von 250 Hektar hat.
(4) Die Länder können die Mindestgrößen allgemein oder für bestimmte Gebiete höher festsetzen.
(5) In gemeinschaftlichen Jagdbezirken steht die Ausübung des Jagdrechts der Jagdgenossenschaft zu.

§ 9 Jagdgenossenschaft
(1) Die Eigentümer der Grundflächen, die zu einem gemeinschaftlichen Jagdbezirk gehören, bilden eine Jagdgenossenschaft. Eigentümer von Grundflächen, auf denen die Jagd nicht ausgeübt werden darf, gehören der Jagdgenossenschaft nicht an.
(2) Die Jagdgenossenschaft wird durch den Jagdvorstand gerichtlich und außergerichtlich vertreten. Der Jagdvorstand ist von der Jagdgenossenschaft zu wählen. Solange die Jagdgenossenschaft keinen Jagdvorstand gewählt hat, werden die Geschäfte des Jagdvorstandes vom Gemeindevorstand wahrgenommen.

§ 7 Gemeinschaftliche Jagdbezirke
(1) Die Mindestgröße eines gemeinschaftlichen Jagdbezirks beträgt 200 Hektar. Bei der Berechnung der Mindestgröße sind auch die Grundflächen mitzuzählen, auf denen die Jagd ruht.
(2) Ein Antrag nach § 8 Abs. 2 Bundesjagdgesetz bedarf der Mehrheit der Grundeigentümer, die zugleich die Mehrheit der Grundfläche vertreten müssen.
(3) Die Teilung gemeinschaftlicher Jagdbezirke in mehrere selbständige Jagdbezirke kann zugelassen werden, wenn sie unter jagdlichen Gesichtspunkten vertretbar ist, wegen der Gestaltung des Geländes zweckmäßig erscheint und für alle Teilflächen die Mindestgröße nach § 8 Abs. 3 Bundesjagdgesetz eingehalten wird. Eine Teilung in Wald- und Feldjagden ist nicht zulässig.

§ 8 Jagdgenossenschaft
(1) Die Jagdgenossenschaft ist eine Körperschaft des öffentlichen Rechts. Für die Aufsicht gelten die §§ 135, 137 bis 143 (mit Ausnahme von § 141 Satz 2) und 145 der Hessischen Gemeindeordnung in der Fassung der Bekanntmachung vom 7. März 2005 (GVBl. I S.142), zuletzt geändert durch Gesetz vom 24. März 2010 (GVBl. I S.119), entsprechend. Die Aufsicht wird von den Jagdbehörden ausgeübt.
(2) Die Jagdgenossenschaft hat sich eine Satzung zu geben, die der Genehmigung der Jagdbehörde bedarf.
(3) Gehören zu einem gemeinschaftlichen Jagdbezirk Flächen verschiedener Gemeinden oder abgesonderter Gemarkungen, so

(3) Beschlüsse der Jagdgenossenschaft bedürfen sowohl der Mehrheit der anwesenden und vertretenen Jagdgenossen, als auch der Mehrheit der bei der Beschlußfassung vertretenen Grundfläche.

§ 10 Jagdnutzung
(1) Die Jagdgenossenschaft nutzt die Jagd in der Regel durch Verpachtung. Sie kann die Verpachtung auf den Kreis der Jagdgenossen beschränken.
(2) Die Jagdgenossenschaft kann die Jagd für eigene Rechnung durch angestellte Jäger ausüben lassen. Mit Zustimmung der zuständigen Behörde kann sie die Jagd ruhen lassen.
(3) Die Jagdgenossenschaft beschließt über die Verwendung des Reinertrages der Jagdnutzung. Beschließt die Jagdgenossenschaft, den Ertrag nicht an die Jagdgenossen nach dem Verhältnis des Flächeninhaltes ihrer beteiligten Grundstücke zu verteilen, so kann jeder Jagdgenosse, der dem Beschluß nicht zugestimmt hat, die Auszahlung seines Anteils verlangen. Der Anspruch erlischt, wenn er nicht binnen einem Monat nach der Bekanntmachung der Beschlußfassung schriftlich oder mündlich zu Protokoll des Jagdvorstandes geltend gemacht wird.

4. Hegegemeinschaften

§ 10a Bildung von Hegegemeinschaften
(1) Für mehrere zusammenhängende Jagdbezirke können die Jagdausübungsberechtigten zum Zwecke der Hege des Wildes eine Hegegemeinschaft als privatrechtlichen Zusammenschluß bilden.
(2) Abweichend von Absatz 1 können die Länder bestimmen, daß für mehrere zusammenhängende Jagdbezirke die Jagdausübungsberechtigten zum Zwecke der Hege des Wildes eine Hegegemeinschaft bilden, falls diese aus Gründen der Hege im Sinne des § 1 Abs. 2 erforderlich ist und eine an alle betroffenen Jagdausübungsberechtigten gerichtete Aufforderung der zuständigen Behörde, innerhalb einer bestimmten Frist eine Hegegemeinschaft zu gründen, ohne Erfolg geblieben ist.
(3) Das Nähere regeln die Länder.

wird der nach § 9 Abs. 2 Satz 3 Bundesjagdgesetz zuständige Gemeindevorstand von der Jagdbehörde bestimmt.
(4) Sind die Grundstücke mehrerer Eigentümer einem Eigenjagdbezirk angegliedert, so bilden diese Personen eine Jagdgenossenschaft zur Vertretung ihrer Rechte (Angliederungsgenossenschaft).
(5) Umlagen der Jagdgenossenschaft können wie Gemeindeabgaben beigetrieben werden.

§ 9 Hegegemeinschaft
(1) Zusammenhängende Jagdbezirke, die einen bestimmten gemeinsamen Lebensraum für das Wild umfassen, bilden den räumlichen Wirkungsbereich einer Hegegemeinschaft. Mitglieder einer Hegegemeinschaft sind die Jagdausübungsberechtigten, Eigenjagdbesitzer und in gemeinschaftlichen Jagdbezirken die Jagdgenossenschaften, vertreten durch deren Vorstand. Eine Vertreterin oder ein Vertreter des Forstamtes, dessen Jagdfläche im Gebiet der Hegegemeinschaft liegt, ist Mitglied für das Land in seiner Eigenschaft als Jagdausübungsberechtigter und Jagdrechtsinhaber. Die Mitglieder können sich vertreten lassen. Weitere fachkundige Personen sollen in die Hegegemeinschaft aufgenommen werden. Die Hegegemeinschaft gibt sich eine Satzung.
(2) Gründet die Mehrheit der Jagdausübungsberechtigten nach Aufforderung durch die Jagdbehörde innerhalb einer angemesse-

nen Frist keine Hegegemeinschaft, dann bildet die Jagdbehörde die Hegegemeinschaft, auf die Abs. 1 sinngemäß Anwendung findet.

III. Abschnitt
Beteiligung Dritter an der Ausübung des Jagdrechts

§ 11 Jagdpacht
(1) Die Ausübung des Jagdrechts in seiner Gesamtheit kann an Dritte verpachtet werden. Ein Teil des Jagdausübungsrechts kann nicht Gegenstand eines Jagdpachtvertrages sein; jedoch kann sich der Verpächter einen Teil der Jagdnutzung, der sich auf bestimmtes Wild bezieht, vorbehalten. Die Erteilung von Jagderlaubnisscheinen regeln, unbeschadet des Absatzes 6 Satz 2, die Länder.

(2) Die Verpachtung eines Teils eines Jagdbezirkes ist nur zulässig, wenn sowohl der verpachtete als auch der verbleibende Teil bei Eigenjagdbezirken die gesetzliche Mindestgröße, bei gemeinschaftlichen Jagdbezirken die Mindestgröße von 250 Hektar haben. Die Länder können die Verpachtung eines Teiles von geringerer Größe an den Jagdausübungsberechtigten eines angrenzenden Jagdbezirkes zulassen, soweit dies einer besseren Reviergestaltung dient.

(3) Die Gesamtfläche, auf der einem Jagdpächter die Ausübung des Jagdrechts zusteht, darf nicht mehr als 1.000 Hektar umfassen; hierauf sind Flächen anzurechnen, für die dem Pächter auf Grund einer entgeltlichen Jagderlaubnis die Jagdausübung zusteht. Der Inhaber eines oder mehrerer Eigenjagdbezirke mit einer Gesamtfläche von mehr als 1.000 Hektar darf nur zupachten, wenn er Flächen mindestens gleicher Größenordnung verpachtet; der Inhaber eines oder mehrerer Eigenjagdbezirke mit einer Gesamtfläche von weniger als 1.000 Hektar darf nur zupachten, wenn die Gesamtfläche, auf der ihm das Jagdausübungsrecht zusteht, 1.000 Hektar nicht übersteigt. Für Mitpächter, Unterpächter oder Inhaber einer entgeltlichen Jagderlaubnis gilt Satz 1 und 2 entsprechend mit der Maßgabe, daß auf die Gesamtfläche nur die Fläche angerechnet wird, die auf den einzelnen Mitpächter, Un-

DRITTER TEIL
Jagdpacht

§ 10 Verpachtung
(1) Die Mindestpachtzeit für Hoch- und Niederwildjagden beträgt 10 Jahre.
(2) Die Verpächter haben Jagdpachtverträge innerhalb eines Monats nach Abschluss der Jagdbehörde anzuzeigen.
(3) Die Anzeigepflicht erstreckt sich auch auf Änderungen und Verlängerungen der Jagdpachtverträge, die Unter- und Weiterverpachtung sowie die Aufnahme von Mitpächtern.

§ 11 Mitpacht
Gemeinschaftliche Jagdbezirke bis zu 500 Hektar dürfen an nicht mehr als drei Personen verpachtet werden. In größeren Jagdbezirken darf für je weitere angefangene 150 Hektar eine weitere Person Pächter sein. Im Übrigen gilt § 12 Abs. 1 Satz 2 Bundesjagdgesetz.

§ 12 Jagderlaubnis
(1) Jagdausübungsberechtigte können Dritten (Jagdgästen) Jagderlaubnisse erteilen. Die Erteilung der Jagderlaubnis bedarf der Schriftform. Sind mehrere Jagdausübungsberechtigte vorhanden, bedarf die Erteilung oder der Widerruf der Jagderlaubnis der Zustimmung aller Jagdausübungsberechtigten; dies gilt auch, wenn die Jagdausübungsberechtigten den Jagdbezirk nach Flächen unter sich aufgeteilt haben.
(2) Eine Jagderlaubnis kann entgeltlich oder unentgeltlich erteilt werden. Wird sie auf einzelne Abschüsse näher bestimmten Wildes beschränkt, ist sie bis zu zwölf Monate gültig. Die Erteilung einer Jagderlaubnis bedarf der Einwilligung der Inhaber des Jagdrechts.
(3) Entgeltliche Jagderlaubnisse nach Abs. 2 Satz 1 mit einer Gültigkeit von länger als zwölf Monaten bedürfen der Genehmigung der Jagdbehörde. Die Genehmigung darf nur

terpächter oder auf den Inhaber einer entgeltlichen Jagderlaubnis, ausgenommen die Erlaubnis zu Einzelabschüssen, nach dem Jagdpachtvertrag oder der Jagderlaubnis anteilig entfällt. Für bestimmte Gebiete, insbesondere im Hochgebirge können die Länder eine höhere Grenze als 1.000 Hektar festsetzen.
(4) Der Jagdpachtvertrag ist schriftlich abzuschließen. Die Pachtdauer soll mindestens neun Jahre betragen. Die Länder können die Mindestpachtzeit höher festsetzen. Ein laufender Jagdpachtvertrag kann auch auf kürzere Zeit verlängert werden. Beginn und Ende der Pachtzeit soll mit Beginn und Ende des Jagdjahres (1. April bis 31. März) zusammenfallen.
(5) Pächter darf nur sein, wer einen Jahresjagdschein besitzt und schon vorher einen solchen während dreier Jahre in Deutschland besessen hat. Für besondere Einzelfälle können Ausnahmen zugelassen werden. Auf den in Satz 1 genannten Zeitraum sind die Zeiten anzurechnen, während derer jemand vor dem Tag des Wirksamwerdens des Beitritts eine Jagderlaubnis in der Deutschen Demokratischen Republik besessen hat.
(6) Ein Jagdpachtvertrag, der bei seinem Abschluß den Vorschriften des Absatzes 1 Satz 2 Halbsatz 1, des Absatzes 2, des Absatzes 3, des Absatzes 4 Satz 1 oder des Absatzes 5 nicht entspricht, ist nichtig. Das gleiche gilt für eine entgeltliche Jagderlaubnis, die bei ihrer Erteilung den Vorschriften des Absatzes 3 nicht entspricht.
(7) Die Fläche, auf der einem Jagdausübungsberechtigten oder Inhaber einer entgeltlichen Jagderlaubnis nach Absatz 3 die Ausübung des Jagdrechts zusteht, ist von der zuständigen Behörde in den Jagdschein einzutragen; das Nähere regeln die Länder.

§ 12 Anzeige von Jagdpachtverträgen
(1) Der Jagdpachtvertrag ist der zuständigen Behörde anzuzeigen. Die Behörde kann den Vertrag binnen drei Wochen nach Eingang der Anzeige beanstanden, wenn die Vorschriften über die Pachtdauer nicht beachtet sind oder wenn zu erwarten ist, daß durch eine vertragsmäßige Jagdausübung die Vorschriften des § 1 Abs. 2 verletzt werden.
(2) In dem Beanstandungsbescheid sind die erteilt werden, wenn die nach § 6 Abs. 1 oder § 11 zulässige Personenzahl nicht überschritten wird. Die Fläche, auf der dem Inhaber einer entgeltlichen Jagderlaubnis die Ausübung des Jagdrechts zusteht, ist nach § 11 Abs. 7 Bundesjagdgesetz in den Jagdschein einzutragen.
(4) Eine Jagderlaubnis nach Abs. 2 Satz 1, die unentgeltlich mit einer Gültigkeit von länger als zwölf Monaten erteilt wird, ist der Jagdbehörde anzuzeigen. Die Jagdbehörde kann die Jagderlaubnis untersagen, wenn die nach § 6 Abs. 1 oder § 11 zulässige Personenzahl überschritten wird. Werden unentgeltliche Jagderlaubnisse an Ortsansässige oder an Jagdausübende aus Nachbargemeinden erteilt, kann für jede unentgeltliche eine weitere unentgeltliche Jagderlaubnis erteilt werden.
(5) Soweit Jagdgäste die Jagd in Abwesenheit von Jagdausübungsberechtigten oder von ihnen beauftragte Jagdaufseherinnen oder Jagdaufseher im Jagdbezirk ausüben, haben sie die auf sie ausgestellte Jagderlaubnis bei sich zu führen und auf Verlangen vorzuzeigen.
(6) Einer Jagderlaubnis bedürfen nicht:
1. angestellte Jägerinnen oder Jäger nach § 10 Abs. 2 Satz 1 des Bundesjagdgesetzes,
2. bestellte Jagdaufseherinnen und Jagdaufseher nach § 31 Abs. 1,
3. Personen nach § 14 Abs. 1,
4. forstschutzberechtigte Personen des Forstdienstes, soweit Rechte Dritter dem nicht entgegenstehen.

§ 13 Beanstandung, Anordnung
Die nach § 10 Abs. 2 zuständige Jagdbehörde kann für die Dauer eines anhängigen Verfahrens über die
1. Nichtigkeit oder Beanstandung eines Jagdpachtvertrages,
2. Einziehung oder Versagung des Jagdscheines sowie
3. Abrundung von Jagdbezirken
die zur Ausübung und zum Schutz der Jagd erforderlichen Anordnungen treffen. Die Kosten der Anordnung hat die im Verfahren unterlegene Partei zu tragen.

Vertragsteile aufzufordern, den Vertrag bis zu einem bestimmten Zeitpunkt, der mindestens drei Wochen nach Zustellung des Bescheides liegen soll, aufzuheben oder in bestimmter Weise zu ändern.

(3) Kommen die Vertragsteile der Aufforderung nicht nach, so gilt der Vertrag mit Ablauf der Frist als aufgehoben, sofern nicht einer der Vertragsteile binnen der Frist einen Antrag auf Entscheidung durch das Amtsgericht stellt. Das Gericht kann entweder den Vertrag aufheben oder feststellen, daß er nicht zu beanstanden ist. Die Bestimmungen für die gerichtliche Entscheidung über die Beanstandung eines Landpachtvertrages gelten sinngemäß; jedoch entscheidet das Gericht ohne Zuziehung ehrenamtlicher Richter.

(4) Vor Ablauf von drei Wochen nach Anzeige des Vertrages durch einen Beteiligten darf der Pächter die Jagd nicht ausüben, sofern nicht die Behörde die Jagdausübung zu einem früheren Zeitpunkt gestattet. Wird der Vertrag binnen der in Absatz 1 Satz 2 bezeichneten Frist beanstandet, so darf der Pächter die Jagd erst ausüben, wenn die Beanstandungen behoben sind oder wenn durch rechtskräftige gerichtliche Entscheidung festgestellt ist, daß der Vertrag nicht zu beanstanden ist.

§ 13 Erlöschen des Jagdpachtvertrages

Der Jagdpachtvertrag erlischt, wenn dem Pächter der Jagdschein unanfechtbar entzogen worden ist. Er erlischt auch dann, wenn die Gültigkeitsdauer des Jagdscheines abgelaufen ist und entweder die zuständige Behörde die Erteilung eines neuen Jagdscheines unanfechtbar abgelehnt hat oder der Pächter die Voraussetzungen für die Erteilung eines neuen Jagdscheines nicht fristgemäß erfüllt. Der Pächter hat dem Verpächter den aus der Beendigung des Pachtvertrages entstehenden Schaden zu ersetzen, wenn ihn ein Verschulden trifft.

§ 13a Rechtsstellung der Mitpächter

Sind mehrere Pächter an einem Jagdpachtvertrag beteiligt (Mitpächter), so bleibt der Vertrag, wenn er im Verhältnis zu einem Mitpächter gekündigt wird oder erlischt, mit den übrigen bestehen; dies gilt nicht, soweit

§ 14 Mehrheit von Jagdausübungsberechtigten

(1) Steht die Jagdausübung einer Personengemeinschaft zu, so ist jagdausübungsberechtigt nur, wer der Jagdbehörde benannt wird.

(2) Im Todesfall von Jagdausübungsberechtigten haben die Erben gegenüber der Jagdbehörde zu erklären, wer die Jagd ausüben wird. Die Jagdbehörde kann den Erben hierzu eine angemessene Frist setzen. Kommen die Erben der Aufforderung innerhalb der Frist nicht nach, so kann die Jagdbehörde die zur Ausübung und zum Schutze der Jagd erforderlichen Anordnungen auf deren Kosten treffen.

der Jagdpachtvertrag infolge des Ausscheidens eines Pächters den Vorschriften des § 11 Abs. 3 nicht mehr entspricht und dieser Mangel bis zum Beginn des nächsten Jagdjahres nicht behoben wird. Ist einem der Beteiligten die Aufrechterhaltung des Vertrages infolge des Ausscheidens eines Pächters nicht zuzumuten, so kann er den Vertrag mit sofortiger Wirkung kündigen. Die Kündigung muß unverzüglich nach Erlangung der Kenntnis von dem Kündigungsgrund erfolgen.

§ 14 Wechsel des Grundeigentümers
(1) Wird ein Eigenjagdbezirk ganz oder teilweise veräußert, so finden die Vorschriften der §§ 566 bis 567b des Bürgerlichen Gesetzbuchs entsprechende Anwendung. Das gleiche gilt im Falle der Zwangsversteigerung von der Vorschrift des § 57 des Zwangsversteigerungsgesetzes; das Kündigungsrecht des Erstehers ist jedoch ausgeschlossen, wenn nur ein Teil eines Jagdbezirkes versteigert ist und dieser Teil nicht allein schon die Erfordernisse eines Eigenjagdbezirkes erfüllt.
(2) Wird ein zu einem gemeinschaftlichen Jagdbezirk gehöriges Grundstück veräußert, so hat dies auf den Pachtvertrag keinen Einfluß; der Erwerber wird vom Zeitpunkt des Erwerbes an auch dann für die Dauer des Pachtvertrages Mitglied der Jagdgenossenschaft, wenn das veräußerte Grundstück an sich mit anderen Grundstücken des Erwerbers zusammen einen Eigenjagdbezirk bilden könnte. Das gleiche gilt für den Fall der Zwangsversteigerung eines Grundstücks.

IV. Abschnitt
Jagdschein

§ 15 Allgemeines
(1) Wer die Jagd ausübt, muß einen auf seinen Namen lautenden Jagdschein mit sich führen und diesen auf Verlangen den Polizeibeamten sowie den Jagdschutzberechtigten (§ 25) vorzeigen. Zum Sammeln von Abwurfstangen bedarf es nur der schriftlichen Erlaubnis des Jagdausübungsberechtigten. Wer die Jagd mit Greifen oder Falken (Beizjagd) ausüben will, muß einen auf sei-

VIERTER TEIL
Jagdschein

§ 15 Jagdscheinerteilung
(1) Die Jagdbehörde erteilt, versagt und entzieht den Jagdschein.
(2) Personen, die nicht Deutsche im Sinne des Art. 116 des Grundgesetzes sind, sind von der Ablegung der Jägerprüfung befreit, wenn
    1.   sie das achtzehnte Lebensjahr vollendet haben,

nen Namen lautenden Falknerjagdschein mit sich führen.
(2) Der Jagdschein wird von der für den Wohnsitz des Bewerbers zuständigen Behörde als Jahresjagdschein für höchstens drei Jagdjahre (§ 11 Abs. 4) oder als Tagesjagdschein für vierzehn aufeinanderfolgende Tage nach einheitlichen, vom Bundesministerium für Ernährung und Landwirtschaft (Bundesministerium) bestimmten Mustern erteilt.
(3) Der Jagdschein gilt im gesamten Bundesgebiet.
(4) Für Tagesjagdscheine für Ausländer dürfen nur die Gebühren für Inländer erhoben werden, wenn das Heimatland des Ausländers die Gegenseitigkeit gewährleistet.
(5) Die erste Erteilung eines Jagdscheines ist davon abhängig, daß der Bewerber im Geltungsbereich dieses Gesetzes eine Jägerprüfung bestanden hat, die aus einem schriftlichen und einem mündlich-praktischen Teil und einer Schießprüfung bestehen soll; er muß in der Jägerprüfung ausreichende Kenntnisse der Tierarten, der Wildbiologie, der Wildhege, des Jagdbetriebes, der Wildschadensverhütung, des Land- und Waldbaues, des Waffenrechts, der Waffentechnik, der Führung von Jagdwaffen (einschließlich Faustfeuerwaffen), der Führung von Jagdhunden, in der Behandlung des erlegten Wildes unter besonderer Berücksichtigung der hygienisch erforderlichen Maßnahmen, in der Beurteilung der gesundheitlich unbedenklichen Beschaffenheit des Wildbrets, insbesondere auch hinsichtlich seiner Verwendung als Lebensmittel, und im Jagd-, Tierschutz- sowie Naturschutz- und Landschaftspflegerecht nachweisen; mangelhafte Leistungen in der Schießprüfung sind durch Leistungen in anderen Prüfungsteilen nicht ausgleichbar. Die Länder können die Zulassung zur Jägerprüfung insbesondere vom Nachweis einer theoretischen und praktischen Ausbildung abhängig machen. Für Bewerber, die vor dem 1. April 1953 einen Jahresjagdschein besessen haben, entfällt die Jägerprüfung. Eine vor dem Tag des Wirksamwerdens des Beitritts in der Deutschen Demokratischen Republik abgelegte Jagdprüfung für Jäger, die mit der Jagdwaffe die Jagd ausüben wollen, steht der Jägerprü-

2. sie den Besitz einer gültigen ausländischen Jagderlaubnis nachweisen oder ihre Eignung zur ordnungsgemäßen Jagdausübung auf andere Weise glaubhaft machen.
(3) Ausländer-Jahresjagdscheine dürfen Personen nach Abs. 2 nur erteilt werden, wenn diese Personen glaubhaft nachweisen, dass sie eine mit der deutschen vergleichbare Jägerprüfung bestanden haben.
(4) Die Sperrfrist für die Wiedererteilung des Jagdscheines nach § 18 Satz 3 Bundesjagdgesetz soll nicht mehr als fünf Jahre betragen.

§ 16 Jagdscheingebühren, Jagdabgabe
(1) Für die Erteilung von Jagdscheinen werden Gebühren erhoben.
(2) Mit den Jagdscheingebühren wird eine Jagdabgabe in gleicher Höhe erhoben, die nach Abzug der bei der obersten Jagdbehörde anfallenden Verwaltungskosten in Höhe von 15 vom Hundert von der obersten Jagdbehörde nach Anhörung der Landesvereinigungen der Jägerinnen und Jäger im Sinne von § 41 Abs. 2 zur Förderung des Jagdwesens verwendet wird.
(3) Das für das Jagdwesen zuständige Ministerium bestimmt für die Abführung eine angemessene Frist. Soweit die Abgabe erst nach Ablauf dieser Frist abgeführt wird, sind Zinsen in Höhe von einem vom Hundert für diesen Meldezeitraum zu zahlen, mindestens jedoch 50 Euro.

§ 17 Jagdscheinnachweis
(1) Jagdausübungsberechtigte haben jeweils vor Beginn des Jagdjahres der für den Jagdbezirk zuständigen Jagdbehörde nachzuweisen, dass die Voraussetzungen für die Erteilung eines neuen Jagdscheins erfüllt sind, ein neuer Jagdschein erteilt worden oder ein Drei-Jahres-Jagdschein noch gültig ist. Wird dieser Nachweis nicht geführt, so hat die Jagdbehörde die erforderlichen Anordnungen zu treffen.
(2) Wer infolge eines von ihm nicht zu vertretenden Umstandes bei Beginn des Jagdjahres keinen gültigen Jagdschein hat, muss dies der für den Jagdbezirk zuständigen Jagdbehörde unter Angabe der Gründe un-

fung im Sinne des Satzes 1 gleich.
(6) Bei der Erteilung von Ausländerjagdscheinen können Ausnahmen von Absatz 5 Satz 1 und 2 gemacht werden.
(7) Die erste Erteilung eines Falknerjagdscheines ist davon abhängig, daß der Bewerber im Geltungsbereich dieses Gesetzes zusätzlich zur Jägerprüfung eine Falknerprüfung bestanden hat; er muß darin ausreichende Kenntnisse des Haltens, der Pflege und des Abtragens von Beizvögeln, des Greifvogelschutzes sowie der Beizjagd nachweisen. Für Bewerber, die vor dem 1. April 1977 mindestens fünf Falknerjagdscheine besessen haben, entfällt die Jägerprüfung; gleiches gilt für Bewerber, die vor diesem Zeitpunkt mindestens fünf Jahresjagdscheine besessen und während deren Geltungsdauer die Beizjagd ausgeübt haben. Das Nähere hinsichtlich der Erteilung des Falknerjagdscheines regeln die Länder. Eine vor dem Tag des Wirksamwerdens des Beitritts in der Deutschen Demokratischen Republik abgelegte Jagdprüfung für Falkner steht der Falknerprüfung im Sinne des Satzes 1 gleich.

§ 16 Jugendjagdschein
(1) Personen, die das sechzehnte Lebensjahr vollendet haben, aber noch nicht achtzehn Jahre alt sind, darf nur ein Jugendjagdschein erteilt werden.
(2) Der Jugendjagdschein berechtigt nur zur Ausübung der Jagd in Begleitung des Erziehungsberechtigten oder einer von dem Erziehungsberechtigten schriftlich beauftragten Aufsichtsperson; die Begleitperson muß jagdlich erfahren sein.
(3) Der Jugendjagdschein berechtigt nicht zur Teilnahme an Gesellschaftsjagden.
(4) Im übrigen gilt § 15 entsprechend.

§ 17 Versagung des Jagdscheines
(1) Der Jagdschein ist zu versagen
1. Personen, die noch nicht sechzehn Jahre alt sind;
2. Personen, bei denen Tatsachen die Annahme rechtfertigen, daß sie die erforderliche Zuverlässigkeit oder körperliche Eignung nicht besitzen;
3. Personen, denen der Jagdschein verzüglich anzeigen und zugleich eine jagdpachtfähige Person zur Jagdausübung benennen. Ist die ordnungsgemäße Jagdausübung nicht gewährleistet, so hat die Jagdbehörde die erforderlichen Anordnungen auf Kosten der Jagdausübungsberechtigten zu treffen.

entzogen ist, während der Dauer der Entziehung oder einer Sperre (§§ 18, 41 Abs. 2);
4. Personen, die keine ausreichende Jagdhaftpflichtversicherung (fünfhunderttausend Euro für Personenschäden und fünfzigtausend Euro für Sachschäden) nachweisen; die Versicherung kann nur bei einem Versicherungsunternehmen mit Sitz in der Europäischen Union oder mit Niederlassung im Geltungsbereich des Versicherungsaufsichtsgesetzes genommen werden; die Länder können den Abschluß einer Gemeinschaftsversicherung ohne Beteiligungszwang zulassen.

Fehlen die Zuverlässigkeit oder die persönliche Eignung im Sinne der §§ 5 und 6 des Waffengesetzes, darf nur ein Jagdschein nach § 15 Abs. 7 erteilt werden.

(2) Der Jagdschein kann versagt werden
1. Personen, die noch nicht achtzehn Jahre alt sind;
2. Personen, die nicht Deutsche im Sinne des Artikels 116 des Grundgesetzes sind;
3. Personen, die nicht mindestens drei Jahre ihren Wohnsitz oder ihren gewöhnlichen Aufenthalt ununterbrochen im Geltungsbereich dieses Gesetzes haben;
4. Personen, die gegen die Grundsätze des § 1 Abs. 3 schwer oder wiederholt verstoßen haben.

(3) Die erforderliche Zuverlässigkeit besitzen Personen nicht, wenn Tatsachen die Annahme rechtfertigen, daß sie
1. Waffen oder Munition mißbräuchlich oder leichtfertig verwenden werden;
2. mit Waffen oder Munition nicht vorsichtig und sachgemäß umgehen und diese Gegenstände nicht sorgfältig verwahren werden;
3. Waffen oder Munition an Personen überlassen werden, die zur Ausübung der tatsächlichen Gewalt über diese Gegenstände nicht berechtigt sind.

(4) Die erforderliche Zuverlässigkeit besitzen in der Regel Personen nicht, die
1. a) wegen eines Verbrechens,
    b) wegen eines vorsätzlichen Vergehens, das eine der Annahmen im Sinne des Absatzes 3 Nr. 1 bis 3 rechtfertigt,
    c) wegen einer fahrlässigen Straftat im Zusammenhang mit dem Umgang mit Waffen, Munition oder Sprengstoff,
    d) wegen einer Straftat gegen jagdrechtliche, tierschutzrechtliche oder naturschutzrechtliche Vorschriften, das Waffengesetz, das Gesetz über die Kontrolle von Kriegswaffen oder das Sprengstoffgesetz

    zu einer Freiheitsstrafe, Jugendstrafe, Geldstrafe von mindestens 60 Tagessätzen oder mindestens zweimal zu einer geringeren Geldstrafe rechtskräftig verurteilt worden sind, wenn seit dem Eintritt der Rechtskraft der letzten Verurteilung fünf Jahre nicht verstrichen sind; in die Frist wird die Zeit eingerechnet, die seit der Vollziehbarkeit des Widerrufs oder der Rücknahme eines Jagdscheines oder eines Waffenbesitzverbotes nach § 41 des Waffengesetzes wegen der Tat, die der letzten Verurteilung zugrunde liegt, verstrichen ist; in die Frist nicht eingerechnet wird die Zeit, in welcher der Beteiligte auf behördliche oder richterliche Anordnung in einer Anstalt verwahrt worden ist;
2. wiederholt oder gröblich gegen eine in Nummer 1 Buchstabe d genannte Vorschrift verstoßen haben;
3. geschäftsunfähig oder in der Geschäftsfähigkeit beschränkt sind;
4. trunksüchtig, rauschmittelsüchtig, geisteskrank oder geistesschwach sind.

(5) Ist ein Verfahren nach Absatz 4 Nr. 1 noch nicht abgeschlossen, so kann die zu-

ständige Behörde die Entscheidung über den Antrag auf Erteilung des Jagdscheines bis zum rechtskräftigen Abschluß des Verfahrens aussetzen. Die Zeit der Aussetzung des Verfahrens ist in die Frist nach Absatz 4 Nr. 1 erster Halbsatz einzurechnen.
(6) Sind Tatsachen bekannt, die Bedenken gegen die Zuverlässigkeit nach Absatz 4 Nr. 4 oder die körperliche Eignung nach Absatz 1 Nr. 2 begründen, so kann die zuständige Behörde dem Beteiligten die Vorlage eines amts- oder fachärztlichen Zeugnisses über die geistige und körperliche Eignung aufgeben.

§ 18 Einziehung des Jagdscheines
Wenn Tatsachen, welche die Versagung des Jagdscheines begründen, erst nach Erteilung des Jagdscheines eintreten oder der Behörde, die den Jagdschein erteilt hat, bekanntwerden, so ist die Behörde in den Fällen des § 17 Abs. 1 und in den Fällen, in denen nur ein Jugendjagdschein hätte erteilt werden dürfen (§ 16), sowie im Falle der Entziehung gemäß § 41 verpflichtet, in den Fällen des § 17 Abs. 2 berechtigt, den Jagdschein für ungültig zu erklären und einzuziehen. Ein Anspruch auf Rückerstattung der Jagdscheingebühren besteht nicht. Die Behörde kann eine Sperrfrist für die Wiedererteilung des Jagdscheines festsetzen.

§ 18a Mitteilungspflichten
Die erstmalige Erteilung einer Erlaubnis nach den §§ 15 und 16, das Ergebnis von Überprüfungen nach § 17 sowie Maßnahmen nach den §§ 18, 40, 41 und 41a sind der für den Vollzug des Waffengesetzes nach dessen § 48 Abs. 1 und 2 zuständigen Behörde mitzuteilen.

V. Abschnitt
Jagdbeschränkungen, Pflichten bei der Jagdausübung und Beunruhigen von Wild

§ 19 Sachliche Verbote
(1) Verboten ist

1. mit Schrot, Posten, gehacktem Blei, Bolzen oder Pfeilen, auch

FÜNFTER TEIL
Jagdausübung

§ 18 Jagdarten
(1) Die Jagd wird als Einzeljagd oder als Gesellschaftsjagd ausgeübt.
(2) Gesellschaftsjagden sind Formen gemeinschaftlichen Jagens, die von mindestens vier Jagdscheininhabern ausgeübt werden und bei denen die Jagdausübung aufeinander

als Fangschuß, auf Schalenwild und Seehunde zu schießen;

2. a) auf Rehwild und Seehunde mit Büchsenpatronen zu schießen, deren Auftreffenergie auf 100 m (E 100) weniger als 1.000 Joule beträgt;

b) auf alles übrige Schalenwild mit Büchsenpatronen unter einem Kaliber von 6,5 mm zu schießen; im Kaliber 6,5 mm und darüber müssen die Büchsenpatronen eine Auftreffenergie auf 100 m (E 100) von mindestens 2.000 Joule haben;

c) mit halbautomatischen Waffen, die mit insgesamt mehr als drei Patronen geladen sind, sowie mit automatischen Waffen auf Wild zu schießen;

d) auf Wild mit Pistolen oder Revolvern zu schießen, ausgenommen im Falle der Bau- und Fallenjagd sowie zur Abgabe von Fangschüssen, wenn die Mündungsenergie der Geschosse mindestens 200 Joule beträgt;

3. die Lappjagd innerhalb einer Zone von 300 Metern von der Bezirksgrenze, die Jagd durch Abklingeln der Felder und die Treibjagd bei Mondschein auszuüben;

4. Schalenwild, ausgenommen Schwarzwild, sowie Federwild zur Nachtzeit zu erlegen; als Nachtzeit gilt die Zeit von eineinhalb Stunden nach Sonnenuntergang bis eineinhalb Stunden vor Sonnenaufgang; das Verbot umfaßt nicht die Jagd auf Möwen, Waldschnepfen, Auer-, Birk- und Rackelwild;

5. a) künstliche Lichtquellen, Spiegel, Vorrichtungen zum Anstrah-

abgestimmt ist und in einem räumlichen Zusammenhang steht.
(3) Es ist verboten, die Jagdausübung mutwillig zu stören. Gesellschaftsjagden sind an Sonntagen oder gesetzlichen Feiertagen so durchzuführen, dass Gottesdienste und andere feierliche Veranstaltungen nicht gestört werden.
(4) Gesellschaftsjagden sind in Rotwildgebieten in der Zeit vom 1. Januar bis 31. März so durchzuführen, dass dabei dem Ruhebedürfnis des Rotwildes Rechnung getragen wird.

§ 19 Jagd mit Fanggeräten
(1) Wer die Fangjagd ausübt, hat Verfahren zu wählen, die dem zu fangenden Wild keine vermeidbaren Schmerzen und Leiden zufügen und Gefahren für Menschen und nicht jagdbare Tiere gering halten. Bei der Jagd mit Fanggeräten sind Geräte zu verwenden, die unversehrt lebend fangen oder sofort töten. Fanggeräte dürfen nur verwendet werden, wenn sie ihre Funktion zuverlässig erfüllen.
(2) Die Jagd mit Fanggeräten darf nur von Personen ausgeübt werden, die an einem anerkannten Ausbildungslehrgang für die Fangjagd teilgenommen haben.

§ 20 Wegerecht
(1) Wer die Jagd ausübt und den Weg zum Jagdbezirk nicht auf einem zum allgemeinen Gebrauch bestimmten Weg oder den Jagdbezirk nur auf einem unzumutbaren Umweg erreichen kann, ist zum Betreten eines fremden Jagdbezirks in Jagdausrüstung auch auf einem nicht zum allgemeinen Gebrauch bestimmten Weg befugt (Jägernotweg). Der Jägernotweg wird, falls erforderlich, von der Jagdbehörde festgelegt.
(2) Der Jägernotweg darf nur von Jagdausübungsberechtigten, Jagdaufsehern und von Inhabern einer Jagderlaubnis nach § 12 benutzt werden; andere Personen müssen von Jagdausübungsberechtigten oder von Jagdaufsehern begleitet werden.
(3) Bei Benutzung des Jägernotweges dürfen Schusswaffen nur ungeladen im Futteral getragen und Hunde nur an der Leine mitgeführt werden.
(4) Grundstückseigentümer, über deren

len oder Beleuchten des Zieles, Nachtzielgeräte, die einen Bildwandler oder eine elektronische Verstärkung besitzen und für Schußwaffen bestimmt sind, Tonbandgeräte oder elektrische Schläge erteilende Geräte beim Fang oder Erlegen von Wild aller Art zu verwenden oder zu nutzen sowie zur Nachtzeit an Leuchttürmen oder Leuchtfeuern Federwild zu fangen;

b) Vogelleim, Fallen, Angelhaken, Netze, Reusen oder ähnliche Einrichtungen sowie geblendete oder verstümmelte Vögel beim Fang oder Erlegen von Federwild zu verwenden;

6. Belohnungen für den Abschuß oder den Fang von Federwild auszusetzen, zu geben oder zu empfangen;

7. Saufänge, Fang- oder Fallgruben ohne Genehmigung der zuständigen Behörde anzulegen;

8. Schlingen jeder Art, in denen sich Wild fangen kann, herzustellen, feilzubieten, zu erwerben oder aufzustellen;

9. Fanggeräte, die nicht unversehrt fangen oder nicht sofort töten, sowie Selbstschußgeräte zu verwenden;

10. in Notzeiten Schalenwild in einem Umkreis von 200 Metern von Fütterungen zu erlegen;

11. Wild aus Luftfahrzeugen, Kraftfahrzeugen oder maschinengetriebenen Wasserfahrzeugen zu erlegen; das Verbot umfaßt nicht das Erlegen von Wild aus Kraftfahrzeugen durch Körperbehinderte mit Erlaubnis der zuständigen Behörde;

Grundstücke der Jägernotweg führt, können eine angemessene Entschädigung verlangen. Sie wird auf Antrag der Beteiligten von der Jagdbehörde festgesetzt.

§ 21 Wald- und Feldschutz

Jagdausübungsberechtigte sind verpflichtet, die Jagd so auszuüben, dass sich die im Wald vorkommenden wesentlichen Baumarten entsprechend den natürlichen Wuchs- und Mischungsverhältnissen des Standortes verjüngen und sich in der Feldflur landwirtschaftliche Kulturen entwickeln können. Übermäßige Verbiss- und Schälschäden sollen vermieden werden. Über die Verbiss- und Schälschädenbelastung der Waldvegetation sind forstliche Gutachten zu erstellen. Übermäßige Wildschäden in der Landwirtschaft müssen vermieden werden. Zum Schutz von Forstkulturen und forstlichen Verjüngungsflächen, die gegen das Eindringen von Schalenwild eingezäunt sind, kann die Jagdbehörde auf Antrag zulassen, dass dort Jagdausübungsberechtigte außerhalb von Jagdzeiten Schalenwild, mit Ausnahme von Schwarzwild, erlegen.

§ 21a Anpassung und Abgrenzung von Hochwildgebieten

(1) Bei grundlegenden Veränderungen der Lebensräume in den ausgewiesenen Rot-, Dam- und Muffelwildgebieten (Hochwildgebieten) kann die oberste Jagdbehörde die Gebietsabgrenzungen anpassen.

(2) Die Grenzen der Hochwildgebiete sind zu überprüfen, wenn

1. infolge größerer Eingriffe in Natur und Landschaft nach § 14 Abs. 1 des Bundesnaturschutzgesetzes vom 29. Juli 2009 (BGBl. I S. 2542), wie im Rahmen von Infrastrukturmaßnahmen oder Straßen- und Schienenneubauten, der Erschließung von Baugebieten, dauerhafte Verschiebungen in der Nutzung der Lebensräume feststellbar werden,

2. die Ergebnisse eines fachlich fundierten Lebensraum-Gutachtens, das in der Verantwortung der Hochwild-Hegegemeinschaft für den Lebensraum des von ihr

12. die Netzjagd auf Seehunde auszuüben;
13. die Hetzjagd auf Wild auszuüben;
14. die Such- und Treibjagd auf Waldschnepfen im Frühjahr auszuüben;
15. Wild zu vergiften oder vergiftete oder betäubende Köder zu verwenden;
16. die Brackenjagd auf einer Fläche von weniger als 1.000 Hektar auszuüben;
17. Abwurfstangen ohne schriftliche Erlaubnis des Jagdausübungsberechtigten zu sammeln;
18. eingefangenes oder aufgezogenes Wild später als vier Wochen vor Beginn der Jagdausübung auf dieses Wild auszusetzen.

(2) Die Länder können die Vorschriften des Absatzes 1 mit Ausnahme der Nummer 16 erweitern oder aus besonderen Gründen einschränken; soweit Federwild betroffen ist, ist die Einschränkung nur aus den in Artikel 9 Absatz 1 der Richtlinie 2009/147/EG des Europäischen Parlaments und des Rates vom 30. November 2009 über die Erhaltung der wildlebenden Vogelarten (ABl. L 20 vom 26.1.2010, S. 7) in der jeweils geltenden Fassung genannten Gründen und nach den in Artikel 9 Absatz 2 der Richtlinie 2009/147/EG genannten Maßgaben zulässig.
(3) Die in Absatz 1 Nr. 2 Buchstaben a und b vorgeschriebenen Energiewerte können unterschritten werden, wenn von einem staatlichen oder staatlich anerkannten Fachinstitut die Verwendbarkeit der Munition für bestimmte jagdliche Zwecke bestätigt wird. Auf der kleinsten Verpackungseinheit der Munition ist das Fachinstitut, das die Prüfung vorgenommen hat, sowie der Verwendungszweck anzugeben.

betreuten Hochwildgebietes erstellt wurde, eine solche Überprüfung und evtl. Anpassung (Erweiterung und/oder Verkleinerung) im Einvernehmen mit den Verantwortlichen (Jagdausübungsberechtigte, Jagdrechtsinhaber, Naturschutzverbände etc.) rechtfertigen,
3. in zwei aufeinanderfolgenden Jahren oder dreimal in fünf Jahren Nachbewilligungen nach § 26b Abs. 4 in einem Jagdbezirk außerhalb des Hochwildgebietes festgesetzt worden sind oder
4. in fünf aufeinanderfolgenden Jahren in einem Jagdbezirk innerhalb des Hochwildgebietes keine Abschüsse der betreffenden Hochwildart festgestellt werden.

§ 22 Jagdeinrichtungen
(1) Jagdausübungsberechtigte dürfen auf land- und forstwirtschaftlich genutzten Grundstücken besondere Anlagen wie Jagdhütten, Ansitze oder Wildfütterungen nur mit Einwilligung der Grundstückseigentümer errichten. Der Eigentümer ist zur Einwilligung verpflichtet, wenn ihm die Duldung der Anlage zugemutet werden kann und er eine angemessene Entschädigung erhält, die auf Antrag die Jagdbehörde festsetzt.
(2) Jagdeinrichtungen sind von den ehemaligen Jagdausübungsberechtigten innerhalb von sechs Monaten nach Beendigung des Pachtverhältnisses zu entfernen, falls ihre Nachfolger sie nicht übernehmen.

§ 23 Sachliche Verbote und Ausnahmen
(1) Abweichend von § 19 Abs. 1 Nr. 2 Buchst. d Bundesjagdgesetz darf bei der Verwendung von Schusswaffen bei der Fangjagd die Mündungsenergie der Geschosse weniger als 200 Joule betragen.
(2) Abweichend von § 19 Abs. 1 Nr. 4 des Bundesjagdgesetzes darf Rotwild zur Nachtzeit außerhalb von Rotwildgebieten oder in Rotwildgebieten außerhalb des Waldes erlegt werden, wenn dies zur Erfüllung des Abschussplanes notwendig ist.
(3) Abweichend von § 19 Abs. 1 Nr. 5 Buchst. b Bundesjagdgesetz dürfen mit Ge-

§ 19a Beunruhigen von Wild
Verboten ist, Wild, insbesondere soweit es in seinem Bestand gefährdet oder bedroht ist, unbefugt an seinen Zuflucht-, Nist-, Brut- oder Wohnstätten durch Aufsuchen, Fotografieren, Filmen oder ähnliche Handlungen zu stören. Die Länder können für bestimmtes Wild Ausnahmen zulassen.

§ 20 Örtliche Verbote
(1) An Orten, an denen die Jagd nach den Umständen des einzelnen Falles die öffentliche Ruhe, Ordnung oder Sicherheit stören oder das Leben von Menschen gefährden würde, darf nicht gejagt werden.
(2) Die Ausübung der Jagd in Naturschutz- und Wildschutzgebieten sowie in National- und Wildparken wird durch die Länder geregelt.

nehmigung der Jagdbehörde Netze, Reusen und Fangkäfige im Rahmen der wissenschaftlichen Beringung und anderer wissenschaftlicher Kennzeichnungen verwendet werden.
(4) Abweichend von § 19 Abs. 1 Nr. 10 Bundesjagdgesetz darf Schalenwild bei Drückjagden auch im Umkreis von 200 Metern von Fütterungen erlegt werden, soweit dies zur Erfüllung des Abschussplans oder zur Bejagung des Schwarzwildes erforderlich ist.
(5) Abweichend von § 19a Bundesjagdgesetz kann die Jagdbehörde mit Zustimmung der Jagdausübungsberechtigten gestatten, dass Wild zur wissenschaftlichen Kennzeichnung an seinen Zufluchts-, Nist-, Brut- und Wohnstätten aufgesucht werden darf. Bei geschützten Tierarten ist das Einvernehmen mit der Naturschutzbehörde herzustellen.
(6) Verboten ist das Anlocken von Wild mit synthetisch hergestellten Stoffen mit Ausnahme von Buchenholzteer. In Ausnahmefällen kann die oberste Jagdbehörde aus besonderen Gründen der Wildseuchenbekämpfung, der Wildschadensverhütung sowie zu wissenschaftlichen Lehr- und Forschungszwecken hiervon Ausnahmen gestatten.
(7) Das Schießen mit Vorderladerwaffen, Bolzen, Pfeilen, Posten oder gehacktem Blei auf Wild und mit Bleischrot auf Wasserwild über Gewässern ist verboten; § 19 Abs. 1 Nr. 1 Bundesjagdgesetz bleibt hiervon unberührt.
(8) Verboten ist, Hunde oder Katzen in einem Jagdbezirk unbeaufsichtigt laufen zu lassen.
(9) Unbeschadet des § 28 Abs. 2 des Bundesjagdgesetzes bedarf das Aussetzen von Tieren aller Arten, die dem Jagdrecht unterliegen, der Genehmigung durch die Jagdbehörde. Die Genehmigung ist zu erteilen, wenn eine Gefährdung des lokalen Ökosystems sowie von Biotopen und Tieren der besonders geschützten Arten ausgeschlossen ist. Es ist verboten, Wild vor Ablauf von sechs Monaten nach der Aussetzung zu bejagen. Das Genehmigungserfordernis nach Satz 1 gilt, auch abweichend von § 28 Abs. 3 des Bundesjagdgesetzes, nicht für das Aussetzen von Fasanen, Rebhühnern und

Stockenten zur Ausbildung von Jagdhunden, das Verbot nach Satz 3 gilt nicht für das Bejagen von Stockenten zur Ausbildung von Jagdhunden.
(10) Die Jagdausübung ist im Umkreis von 300 Metern der Brückenköpfe von Grünbrücken verboten. Davon ausgenommen ist die Ausübung der Nachsuche.
(11) Das Stören des Wildes durch unberechtigtes Verlassen befestigter Wege im Wald zur Nachtzeit ist verboten; § 19a des Bundesjagdgesetzes bleibt hiervon unberührt.

§ 24 Wildruhezonen
(1) Die Jagdbehörde kann in einzelnen Jagdbezirken bestimmte Bereiche, in denen durch Störungen des Wildes übermäßige Schäden entstehen könnten, zu Wildruhezonen erklären. Wildruhezonen dürfen nur auf befestigten Wegen und Straßen betreten werden. Das Betretungsrecht von Nutzungsberechtigten bleibt davon unberührt; die Jagdausübung kann eingeschränkt werden.
(2) An Grünbrücken ist die Fläche im Umkreis von 300 Metern der Brückenköpfe Wildruhezone.
(3) Die Erklärung ist ortsüblich bekannt und die Außengrenzen von Wildruhezonen sind im Gelände durch geeignete Markierungen kenntlich zu machen.

§ 25 Wildschutzgebiete
(1) Flächen, die für die Wildforschung, den Wildartenschutz und die Wildhege von besonderer Bedeutung sind, können durch Anordnung der für das Jagdwesen zuständigen Ministerin oder des dafür zuständigen Ministers zu Wildschutzgebieten erklärt werden.
(2) In Wildschutzgebieten kann
1. die Ausübung der Jagd beschränkt oder das Ruhen der Jagd auf bestimmte Wildarten angeordnet oder
2. vorgeschrieben werden, dass während der Fortpflanzungs-, Setz- und Brutzeit oder während des Durchzuges und der Überwinterung von Federwild Flächen nur auf öffentlichen Wegen betreten werden dürfen,
3. durch besondere Regelungen die

Umsetzung von Artenhilfsprogrammen gefördert werden.
(3) Inhaber des Jagdrechts oder Nutzungsberechtigte haben Anspruch auf Entschädigung, wenn die Erklärung gegen ihren Willen erfolgt.
(4) Anordnungen über Wildschutzgebiete sind im Staatsanzeiger für das Land Hessen bekannt zu machen.

§ 21 Abschußregelung
(1) Der Abschuß des Wildes ist so zu regeln, daß die berechtigten Ansprüche der Land-, Forst- und Fischereiwirtschaft auf Schutz gegen Wildschäden voll gewahrt bleiben sowie die Belange von Naturschutz und Landschaftspflege berücksichtigt werden. Innerhalb der hierdurch gebotenen Grenzen soll die Abschußregelung dazu beitragen, daß ein gesunder Wildbestand aller heimischen Tierarten in angemessener Zahl erhalten bleibt und insbesondere der Schutz von Tierarten gesichert ist, deren Bestand bedroht erscheint.
(2) Schalenwild (mit Ausnahme von Schwarzwild) sowie Auer-, Birk- und Rackelwild dürfen nur auf Grund und im Rahmen eines Abschußplanes erlegt werden, der von der zuständigen Behörde im Einvernehmen mit dem Jagdbeirat (§ 37) zu bestätigen oder festzusetzen ist. Seehunde dürfen nur auf Grund und im Rahmen eines Abschußplanes bejagt werden, der jährlich nach näherer Bestimmung der Länder für das Küstenmeer oder Teile davon auf Grund von Bestandsermittlungen aufzustellen ist. In gemeinschaftlichen Jagdbezirken ist der Abschußplan vom Jagdausübungsberechtigten im Einvernehmen mit dem Jagdvorstand aufzustellen. Innerhalb von Hegegemeinschaften sind die Abschußpläne im Einvernehmen mit den Jagdvorständen der Jagdgenossenschaften und den Inhabern der Eigenjagdbezirke aufzustellen, die der Hegegemeinschaft angehören. Das Nähere bestimmt die Landesgesetzgebung. Der Abschußplan für Schalenwild muß erfüllt werden. Die Länder treffen Bestimmungen, nach denen die Erfüllung des Abschußplanes durch ein Abschußmeldeverfahren überwacht und erzwungen werden kann; sie können den körperlichen Nachweis der Erfüllung des Ab-

§ 26 Grundsätze der Abschussregelung
(1) Der Abschussplan nach § 21 Abs. 2 Bundesjagdgesetz ist auf der Grundlage der Planungen der Hegegemeinschaften getrennt nach Wildart, Geschlecht und natürlichen Altersstufen von der Jagdbehörde festzusetzen. Dabei sind die Abschussergebnisse der letzten drei Jagdjahre ohne zugelassene Planüberschreitung und die forstlichen Gutachten über die Verbiss- und Schälschadensbelastung der Waldvegetation und die Lebensraumverhältnisse des Wildes zu berücksichtigen. Der Abschussplan ist als Mindestabschuss festzusetzen und zu erfüllen. Die Jagdbehörde kann zulassen, dass der Abschussplan bis zu 30 vom Hundert überschritten werden darf. Kommt zwischen der Jagdbehörde und dem Jagdbeirat das nach § 21 Abs. 2 Satz 1 Bundesjagdgesetz erforderliche Einvernehmen nicht zustande, so entscheidet die obere Jagdbehörde. Weicht die Abschussfestsetzung der Jagdbehörde von den Abschussplanvorschlägen der staatlichen Jagdbezirke ab und besteht aufgrund des forstlichen Gutachtens die Gefahr, dass dadurch die Vorgaben des § 21 erheblich beeinträchtigt werden, so entscheidet die obere Jagdbehörde nach Anhörung des Sachkundigen und der Hegegemeinschaft über eine Änderung des Abschussplans.
(2) In abgegrenzten Rot-, Dam- und Muffelwildgebieten bestimmt die obere Jagdbehörde eine federführende untere Jagdbehörde für die Abschussplanung.
(3) Über den Abschuss von Schalenwild ist eine Abschussliste zu führen, die der Jagdbehörde auf Verlangen, spätestens aber zum Ende des Jagdjahres, vorzulegen ist. Dabei ist auch ein Nachweis über verunfalltes Wild und Fallwild zu fahren. Die Jagdbehörde kann für die Überprüfung der Richtigkeit den körperlichen Nachweis verlangen.

schußplanes verlangen.
(3) Der Abschuß von Wild, dessen Bestand bedroht erscheint, kann in bestimmten Bezirken oder in bestimmten Revieren dauernd oder zeitweise gänzlich verboten werden.
(4) Den Abschuß in den Staatsforsten regeln die Länder.

(4) Die Jagdbehörde hat die zur Erfüllung des Abschussplanes für Schalenwild erforderlichen Anordnungen zu treffen, wenn absehbar ist, dass der Abschussplan nicht erfüllt wird. § 27 Abs. 2 Bundesjagdgesetz findet entsprechende Anwendung,
(5) Die oberste Jagdbehörde kann im Interesse jagdwirtschaftlicher und jagdwissenschaftlicher Erhebungen das Führen und Vorlegen von Streckenlisten verlangen.

§ 26a Verfahren der Abschussplanung
(1) Der Abschuss ist für Rot-, Dam- und Muffelwild für jedes Jagdjahr, für Rehwild innerhalb einer dreijährigen Planungsperiode für jedes Jagdjahr zu planen.
(2) Die Jagdausübungsberechtigten einer Hegegemeinschaft leiten dieser die im Einvernehmen mit dem Jagdrechtsinhaber erstellten Vorschläge über die Höhe des Abschusses in ihrem Jagdbezirk getrennt nach Geschlecht und Altersstufe zu. Gehen die Vorschläge nicht in der von der oberen Jagdbehörde bestimmten Frist ein, erstellt die Hegegemeinschaft im Benehmen mit den Sachkundigen einen Vorschlag über die Abschusshöhe.
(3) Die staatlichen, kommunalen und privaten Forstverwaltungen leiten der Hegegemeinschaft die für ihren Zuständigkeitsbereich erstellten Verbiss- und Schälschadensgutachten in der von der oberen Jagdbehörde bestimmten Frist zu. Auf eine Erhebung der Verbissbelastung kann verzichtet werden, wenn eine einvernehmliche Einigung innerhalb der Hegegemeinschaft über den Abschussplanvorschlag nach Abs. 4 erzielt wird und die Jagdrechtsinhaber dem zustimmen. Auf Wunsch der Hegegemeinschaft sind die forstlichen Gutachten von den für ihre Erstellung zuständigen Personen zu erläutern.
(4) Die Hegegemeinschaft leitet dem Sachkundigen eine Zusammenfassung aller Abschussplanvorschläge sowie die Einzelvorschläge zur Stellungnahme zu. Die Abschussplanung erfolgt sodann anlässlich einer im Einvernehmen mit dem Sachkundigen anberaumten Mitgliederversammlung unter Leitung des vorsitzenden Mitglieds. Bei der Planung sind Grundsätze der Abschussregelung des § 26 Abs. 1 zu beachten.

Beim Rotwild sind zusätzlich die Ergebnisse der Bestandsrückrechnung zu berücksichtigen.
(5) Die Hegegemeinschaft leitet ihre nach Abs. 4 aufgestellte Abschussplanung zusammen mit den Abschussvorschlägen der Jagdausübungsberechtigten nach Abs. 2, den Empfehlungen der forstlichen Gutachten nach Abs. 3 und den Stellungnahmen des Sachkundigen nach Abs. 4 der zuständigen Jagdbehörde zu. Die Hegegemeinschaft kann einen Vorschlag über die Höhe möglicher Abschussüberschreitung (§ 26 Abs. 1 Satz 4) unterbreiten.

§ 26b Besondere Abschussregelung
(1) Bei wesentlichen Veränderungen des Wildbestandes kann der Abschussplan für Rehwild auf Antrag oder von Amts wegen für das zweite und dritte Jagdjahr abweichend von den ursprünglichen Ansätzen festgesetzt werden. Im ersten und zweiten Jagdjahr darf der Abschuss des männlichen Wildes unterschritten werden; der unterlassene Abschuss ist jedoch bis zum Ende des Planungszeitraumes nachzuholen.
(2) Die Jagdbehörde soll sich zu von ihr zu bestimmenden festen Terminen während der Jagdzeit von den Jagdausübungsberechtigten über den Abschussfortschritt unterrichten lassen. Stellt sie bei den einzelnen Jagdbezirken eine stark voneinander abweichende Abschusserfüllung fest, so kann sie im Benehmen mit der Hegegemeinschaft und dem Sachkundigen eine Umverteilung des Abschusses zu Gunsten der Jagdbezirke, die den Abschuss erfüllt oder annähernd erfüllt haben, vornehmen.
(3) Bei einem Wechsel der Jagdausübungsberechtigten im Laufe eines Jagdjahres bestimmt die Jagdbehörde, in welchem Umfang der Abschussplan von den neuen Jagdausübungsberechtigten zu erfüllen ist.
(4) Außerhalb abgegrenzter Rot-, Dam- und Muffelwildgebiete ist der Abschuss dieser Arten so zu regeln, dass die Ausbreitung der jeweiligen Wildart über die abgegrenzten Gebiete hinaus verhindert wird. Hierzu ist grundsätzlich der Abschuss von je zwei Stück Schalenwild beiderlei Geschlecht der jeweiligen Hochwildart festgesetzt. Die Freigabe gilt bei Rot- (keine Kronenhirsche) und

Damhirschen bis zum Alter von vier Jahren und für Muffelwidder bis zum Alter von drei Jahren. Über diese Freigabe hinausgehende Abschüsse sind bei der Jagdbehörde zu beantragen und unverzüglich zu genehmigen. Die obere Jagdbehörde erhält jährlich einen Bericht über diese Abschussanträge und die Strecke außerhalb der abgegrenzten Hochwildgebiete. Von dieser ständigen Abschussregelung bleibt § 27 Bundesjagdgesetz unberührt.

(5) Bei bestehenden Dam- und Muffelwildpopulationen, die außerhalb von abgegrenzten und ausgewiesenen Dam- und Muffelwildgebieten bereits vor dem Jahr 2000 vorkamen, ist ein jährlicher Abschussplan von der zuständigen Jagdbehörde festzusetzen.

(6) In abgegrenzten Hochwildgebieten kann für das Gebiet oder für Teile des Gebiets die Abschussfestsetzung für Rot-, Dam- oder Muffelwild jeweils als gruppenweise Abschussfestsetzung erfolgen (Gruppenabschussplan).

(7) Unbeschadet des § 21 des Bundesjagdgesetzes ist auf Antrag einer Hegegemeinschaft in entsprechender Anwendung von § 26a Abs. 2 ein gemeinsamer Rehwildabschussplan auf der Ebene der Hegegemeinschaft für die Dauer einer dreijährigen Planungsperiode getrennt nach Geschlecht und Altersstufen nach den Maßgaben des § 26 und von § 26a Abs. 3 und 5 festzusetzen. Widersprechen Jagdausübungsberechtigte oder Jagdrechtsinhaber eines Jagdbezirkes in dieser Hegegemeinschaft zu Beginn einer dreijährigen Planungsperiode der Vorgehensweise nach Satz 1, so setzt die Jagdbehörde eigens für deren Jagdbezirke einen Rehwildabschussplan fest.

(8) Aus Gründen der Wildseuchenbekämpfung, zur Beseitigung von krankem oder kümmerndem Wild, zur Vermeidung von Seuchen, zur Vermeidung von übermäßigem Wildschaden, zu wissenschaftlichen Lehr- und Forschungszwecken oder bei Störung des biologischen Gleichgewichts kann die oberste Jagdbehörde die Schonzeiten für bestimmte Gebiete oder einzelne Jagdbezirke für begrenzte Zeit aufheben bzw. Ausnahmen von den sachlichen Verboten des § 19 Bundesjagdgesetz bzw. des § 23 Hessisches Jagdgesetz zulassen.

§ 22 Jagd- und Schonzeiten
(1) Nach den in § 1 Abs. 2 bestimmten Grundsätzen der Hege bestimmt das Bundesministerium durch Rechtsverordnung mit Zustimmung des Bundesrates die Zeiten, in denen die Jagd auf Wild ausgeübt werden darf (Jagdzeiten). Außerhalb der Jagdzeiten ist Wild mit der Jagd zu verschonen (Schonzeiten). Die Länder können die Jagdzeiten abkürzen oder aufheben; sie können die Schonzeiten für bestimmte Gebiete oder für einzelne Jagdbezirke aus besonderen Gründen, insbesondere aus Gründen der Wildseuchenbekämpfung und Landeskultur, zur Beseitigung kranken oder kümmernden Wildes, zur Vermeidung von übermäßigen Wildschäden, zu wissenschaftlichen, Lehr- und Forschungszwecken, bei Störung des biologischen Gleichgewichts oder der Wildhege aufheben. Für den Lebendfang von Wild können die Länder in Einzelfällen Ausnahmen von Satz 2 zulassen.
(2) Wild, für das eine Jagdzeit nicht festgesetzt ist, ist während des ganzen Jahres mit der Jagd zu verschonen. Die Länder können bei Störung des biologischen Gleichgewichts oder bei schwerer Schädigung der Landeskultur Jagdzeiten festsetzen oder in Einzelfällen zu wissenschaftlichen, Lehr- und Forschungszwecken Ausnahmen zulassen.
(3) Aus Gründen der Landeskultur können Schonzeiten für Wild gänzlich versagt werden (Wild ohne Schonzeit).
(4) In den Setz- und Brutzeiten dürfen bis zum Selbständigwerden der Jungtiere die für die Aufzucht notwendigen Elterntiere, auch die von Wild ohne Schonzeit, nicht bejagt werden. Die Länder können für Schwarzwild, Wildkaninchen, Fuchs, Ringel- und Türkentaube, Silber- und Lachmöwe sowie für nach Landesrecht dem Jagdrecht unterliegende Tierarten aus den in Absatz 2 Satz 2 und Absatz 3 genannten Gründen Ausnahmen bestimmen. Die nach Landesrecht zuständige Behörde kann im Einzelfall das Aushorsten von Nestlingen und Ästlingen der Habichte für Beizzwecke aus den in Artikel 9 Absatz 1 Buchstabe c der Richtlinie 2009/147/EG genannten Gründen und nach den in Artikel 9 Absatz 2 der Richtlinie 2009/147/EG genannten Maßgaben

genehmigen. Das Ausnehmen der Gelege von Federwild ist verboten. Die Länder können zulassen, daß Gelege in Einzelfällen zu wissenschaftlichen, Lehr- und Forschungszwecken oder für Zwecke der Aufzucht ausgenommen werden. Die Länder können ferner das Sammeln der Eier von Ringel- und Türkentauben sowie von Silber- und Lachmöwen aus den in Artikel 9 Absatz 1 der Richtlinie 2009/147/EG genannten Gründen und nach den in Artikel 9 Absatz 2 der Richtlinie 2009/147/EG genannten Maßgaben erlauben.

§ 22a Verhinderung von vermeidbaren Schmerzen oder Leiden des Wildes
(1) Um krankgeschossenes Wild vor vermeidbaren Schmerzen oder Leiden zu bewahren, ist dieses unverzüglich zu erlegen; das gleiche gilt für schwerkrankes Wild, es sei denn, daß es genügt und möglich ist, es zu fangen und zu versorgen.
(2) Krankgeschossenes oder schwerkrankes Wild, das in einem fremden Jagdbezirk wechselt, darf nur verfolgt werden (Wildfolge), wenn mit dem Jagdausübungsberechtigten dieses Jagdbezirkes eine schriftliche Vereinbarung über die Wildfolge abgeschlossen worden ist. Die Länder erlassen nähere Bestimmungen, insbesondere über die Verpflichtung der Jagdausübungsberechtigten benachbarter Jagdbezirke, Vereinbarungen über die Wildfolge zu treffen; sie können darüber hinaus die Vorschriften über die Wildfolge ergänzen oder erweitern.

§ 27 Krankes Wild, Wildfolge
(1) Krankgeschossenes, durch Verkehrsunfall oder andere Weise verletztes Wild ist unverzüglich nachzusuchen und zu erlegen.
(2) Verletztes oder erkranktes Wild, das unabhängig von der Jagdzeit erlegt wurde, um es vor Schmerzen oder Leiden zu bewahren oder um die Ausbreitung von Seuchen zu verhindern, ist von den Jagdausübungsberechtigten der Jagdbehörde innerhalb von 24 Stunden zu melden und auf Verlangen zur Untersuchung vorzulegen. Erlegtes Wild, für das ein Abschussplan besteht, ist auf den Plan anzurechnen.
(3) Wechselt krankes Wild in einen benachbarten Jagdbezirk und bleibt in Sicht- und Schussweite, ist es sofort zu erlegen. Hierüber sind die Jagdausübungsberechtigten des Nachbarreviers oder deren Vertreter unverzüglich zu unterrichten.
(4) Wechselt krankes Wild in einen benachbarten Jagdbezirk, ohne in Sichtweite jenseits der Grenze zu verenden oder in Schussweite zu bleiben, so haben die Jagdausübenden den Anschuss und die Stelle des Überwechselns nach Möglichkeit kenntlich zu machen. Außerdem haben sie das Überwechseln den Jagdausübungsberechtigten des Nachbarjagdbezirks oder deren Vertretern unverzüglich mitzuteilen. Diese haben die Nachsuche sofort zu veranlassen und zu bestimmen, wer an ihr teilnimmt. Neben Jagdgästen sind auch Jagdausübungsberechtigte zur Meldung verpflichtet, sofern sie vom Überwechseln des kranken Wildes Kenntnis erlangen.
(5) Kommt krankgeschossenes Schalenwild, für das ein Abschussplan vorgesehen ist, im

Nachbarjagdbezirk zur Strecke, so ist es auf den Abschussplan des Jagdbezirks anzurechnen, in dem es nachweisbar krankgeschossen wurde.

(6) Innerhalb des Gebietes einer Hegegemeinschaft kann die Jagdbehörde auf Vorschlag der Hegegemeinschaft anerkannte Schweißhundeführer bestimmen, die bei der Nachsuche von Schalenwild die Grenze von Jagdbezirken einschließlich einer Begleitperson unter Mitführung der Schusswaffe ohne vorherige Benachrichtigung der Jagdausübungsberechtigten, in deren Jagdbezirk das kranke Stück Schalenwild eingewechselt ist, überschreiten dürfen. Darüber hinaus dürfen Schweißhundegespanne, die den Anforderungen nach Abs. 7 genügen und von der oberen Jagdbehörde anerkannt sind, einschließlich einer Begleitperson unter Mitführung der Schusswaffe unabhängig von Jagdbezirks- und Hegegemeinschaftsgrenzen, krankes Schalenwild nachsuchen. Kommt das Stück Wild dabei zur Strecke, ist es zu versorgen. Das Fortschaffen ist unzulässig. Jede ausgeübte Wildfolge ist sodann den Jagdausübungsberechtigten unverzüglich mitzuteilen, in deren Jagdbezirken die Nachsuche stattgefunden hat.

(7) Die Landesvereinigungen der Jägerinnen und Jäger erarbeiten Bestimmungen über das Nachsuchewesen in Hessen, die der Genehmigung der obersten Jagdbehörde bedürfen. Insbesondere sind die Voraussetzungen zur Anerkennung der Schweißhundegespanne sowie deren Rechte und Pflichten darin festzulegen.

(8) Über die Bestimmung der Abs. 3 bis 5 hinausgehende Vereinbarungen, insbesondere über

1. die Zulässigkeit der Nachsuche in einem benachbarten Jagdbezirk,
2. die Benachrichtigung der Jagdausübungsberechtigten oder der zu ihrer Vertretung Bestellten,
3. die Voraussetzungen, unter denen Wild versorgt und fortgeschafft werden darf, und
4. die Aneignung des Wildbretes und der Trophäen

können in Wildfolgevereinbarungen getrof-

fen werden, die der Schriftform bedürfen.
(9) Wildfolge ist ohne Vereinbarung in Gebieten zulässig, in denen die Jagd ruht oder nur eine beschränkte Jagdausübung gestattet ist. Handelt es sich um eingefriedete Grundflächen, die gegen das Ein- und Auswechseln von Schalenwild dauernd umzäunt sind und keine Einsprünge besitzen, oder um Gebäude, Hofräume und Kleingartenanlagen im Sinne des § 5 Abs. 1 Nr. 3, so ist die Wildfolge erlaubt, wenn Eigentümer oder Nutzungsberechtigte dem allgemein oder im Einzelfall zustimmen. Das Aneignungsrecht von Eigentümern oder Nutzungsberechtigten bleibt unberührt.

§ 28 Jagdhundehaltung
(1) Bei der Such-, Drück- und Treibjagd, bei jeder Jagdart auf Wasserwild sowie bei jeder Nachsuche sind jeweils brauchbare Jagdhunde zu verwenden.
(2) Die Jagdbehörde kann Jagdausübungsberechtigte zur Haltung eines zur Nachsuche brauchbaren Jagdhundes verpflichten, sofern sie nicht nachweisen, dass ihnen brauchbare Jagdhunde anderer Hundehalter regelmäßig zur Verfügung stehen.
(3) Außerhalb befriedeter Bezirke gilt die Ausbildung von Jagdhunden durch Jagdscheininhaber im Hinblick auf Gebrauchs-, Brauchbarkeits- und Zuchtprüfungen sowie die Ablegung der Prüfung als Jagdausübung; sie bedürfen der Erlaubnis des Jagdausübungsberechtigten.

VI. Abschnitt
Jagdschutz

§ 23 Inhalt des Jagdschutzes
Der Jagdschutz umfaßt nach näherer Bestimmung durch die Länder den Schutz des Wildes insbesondere vor Wilderern, Futternot, Wildseuchen, vor wildernden Hunden und Katzen sowie die Sorge für die Einhaltung der zum Schutz des Wildes und der Jagd erlassenen Vorschriften.

§ 24 Wildseuchen
Tritt eine Wildseuche auf, so hat der Jagdausübungsberechtigte dies unverzüglich der zuständigen Behörde anzuzeigen; sie erläßt

SECHSTER TEIL
Jagdschutz

§ 29 Inhalt des Jagdschutzes
Zum Jagdschutz gehören neben den Aufgaben des § 23 Bundesjagdgesetz auch der Schutz bestandsbedrohter Wildarten und der Schutz jagdlicher Einrichtungen.

§ 30 Wildfütterung
(1) Der Lebensraum des Wildes ist so zu erhalten oder mittelfristig zu verbessern, dass künstlich eingebrachte Futtermittel nicht notwendig sind.
(2) Das Ausbringen von Futtermitteln (Fütterung) für Schalenwild ist verboten, soweit

im Einvernehmen mit dem beamteten Tierarzt die zur Bekämpfung der Seuche erforderlichen Anweisungen.

es nicht nach Maßgabe von Abs. 3 bis 9 zulässig ist. Verdorbene sowie unzulässige Futtermittel sowie jedwede unzulässige Verwendung sonstiger für die Fütterung des Wildes geeigneter Gegenstände sind unverzüglich vom Jagdausübungsberechtigten zu beseitigen. Kommt der Jagdausübungsberechtigte dieser Verpflichtung nicht nach, so kann die Jagdbehörde die erforderlichen Maßnahmen im Wege der Ersatzvornahme anordnen.
(3) Eine Wildfütterung, durch die das Hegeziel nach § 1 Abs. 2 des Bundesjagdgesetzes gefährdet oder beeinträchtigt wird, ist unzulässig. Die Durchführung von Wildfütterungen im Bereich von Biotopen, die nach § 30 Abs. 2 Satz 1 des Bundesnaturschutzgesetzes oder § 13 des Hessischen Ausführungsgesetzes zum Bundesnaturschutzgesetz vom 20. Dezember 2010 (GVBl. I S. 629) geschützt werden, ist verboten.
(4) Das Ausbringen von Raufutter für wiederkäuendes Schalenwild ist zulässig.
(5) Die Fütterung von wiederkäuendem Schalenwild mit Saftfutter ohne Kraftfutteranteile in Kombination mit Raufutter ist in der freien Wildbahn zulässig, soweit die Jagdbehörde für den Landkreis oder Teile davon eine Notzeit festgestellt hat. Die Entscheidung ergeht auf Antrag des Kreisjagdberaters und im Einvernehmen mit der Veterinärbehörde. Eine Notzeit liegt vor, wenn zwischen dem aktuellen Nahrungsbedarf und dem natürlichen Äsungsangebot ein Defizit besteht. Dies ist in der Regel dann der Fall, wenn infolge der Witterung (z.B. hohe Schneelage, Harschschnee, Vereisung, längere Frost- oder Dürreperioden) oder infolge von Naturkatastrophen (z.B. Überschwemmungen, Waldbrände) die ansonsten vorhandene natürliche Äsungsfläche fehlt. Diese Fütterung hat nach einem von der Hegegemeinschaft zu erarbeitenden und für alle Hegegemeinschaftsmitglieder verpflichtenden Fütterungskonzept zu erfolgen. In Jagdbezirken, in denen die Jagdbehörde für wiederkäuendes Schalenwild eine Notzeit festgestellt hat, ist die Jagdausübung auf wiederkäuendes Schalenwild verboten.
(6) Die Erhaltungsfütterung von Schwarzwild ist zulässig, soweit die Jagdbehörde für den Landkreis oder Teile davon eine Notzeit

festgestellt hat. Abs. 5 Satz 2 und 3 gelten entsprechend. Über die Ausbringung der zugelassenen artgerechten Futtermittel für Schwarzwild entscheidet die Jagdbehörde im Einvernehmen mit der Veterinärbehörde. Diese Futtermittel sind so auszubringen, dass sie von anderem Schalenwild nicht aufgenommen werden können. In Jagdbezirken, in denen die Jagdbehörde eine Notzeit für Schwarzwild festgestellt hat, ist die Jagdausübung auf Schwarzwild verboten.

(7) Über die in Hessen festgestellten Notzeiten je Jagdjahr und deren Gründe ist bis zum 30. Juni des Folgejahres dem zuständigen Fachausschuss des Hessischen Landtages durch die oberste Jagdbehörde zu berichten.

(8) Die Fütterung zur Bejagung des Schwarzwildes (Kirrung) mit heimischem Getreide, Mais und Erbsen ist zulässig und der Jagdbehörde anzuzeigen. Die ausgebrachte Futtermenge ist auf höchstens einen Liter je Tag und Kirrstelle beschränkt. Je Jagdbezirk ist eine Kirrung, eine weitere je 100 ha angefangener Jagdfläche, in Rotwildgebieten je 250 ha angefangener Jagdfläche zulässig. Abs. 6 Satz 4 gilt entsprechend. Die Jagdbehörde hat die Kirrung zu untersagen, wenn die nach Satz 3 zulässige Zahl an Kirrungen überschritten würde. Die nach § 30 des Hessischen Jagdgesetzes in der bis zum 23. Juni 2011 geltenden Fassung erteilten Genehmigungen zum Betrieb von Kirrungen sind durch die Jagdbehörde mit Wirkung bis spätestens zum 30. September 2013 zu widerrufen.

(9) Für länderübergreifende Rot- und Damwildgebiete kann die oberste Jagdbehörde zur einheitlichen Handhabung der Wildfütterung besondere Regelungen vereinbaren.

(10) Es ist verboten, Wild Arzneimittel zu verabreichen. Die Jagdbehörde kann im Einvernehmen mit der Veterinärbehörde Ausnahmen zulassen, wenn es zur Bekämpfung von Wildkrankheiten und Wildseuchen erforderlich ist.

§ 25 Jagdschutzberechtigte
(1) Der Jagdschutz in einem Jagdbezirk liegt neben den zuständigen öffentlichen Stellen dem Jagdausübungsberechtigten ob, sofern er Inhaber eines Jagdscheines ist, und den

§ 31 Jagdaufseherinnen und Jagdaufseher
(1) Jagdausübungsberechtigte können für ihren Jagdausübungsbezirk volljährige Personen, die zumindest die Jägerprüfung erfolgreich abgelegt haben, als Jagdaufseherin

von der zuständigen Behörde bestätigten Jagdaufsehern. Hauptberuflich angestellte Jagdaufseher sollen Berufsjäger oder forstlich ausgebildet sein.

(2) Die bestätigten Jagdaufseher haben innerhalb ihres Dienstbezirkes in Angelegenheiten des Jagdschutzes die Rechte und Pflichten der Polizeibeamten und sind Ermittlungspersonen der Staatsanwaltschaft, sofern sie Berufsjäger oder forstlich ausgebildet sind. Sie haben bei der Anwendung unmittelbaren Zwanges die ihnen durch Landesrecht eingeräumten Befugnisse.

(3) (weggefallen)

oder Jagdaufseher bestellen. Die Bestellung bedarf der Schriftform. Die Jagdaufseherin oder der Jagdaufseher hat bei Abwesenheit der Jagdausübungsberechtigten insbesondere unaufschiebbare Maßnahmen zur Versorgung von krankem, verletztem oder verendetem Wild durchzuführen.

(2) Die Jagdbehörde bestätigt auf Antrag eine bestellte Jagdaufseherin oder einen bestellten Jagdaufseher, wenn sie oder er erfolgreich eine Jagdaufseherprüfung bestanden hat, Berufsjägerin oder Berufsjäger ist oder über eine abgeschlossene Ausbildung des gehobenen oder höheren Forstdienstes verfügt. Die Bestätigung ist im Jagdschein einzutragen. Die bestätigten Jagdaufseherinnen oder Jagdaufseher stehen unter der Dienstaufsicht der Jagdbehörde. Ihnen obliegen die Verpflichtungen nach § 23 Bundesjagdgesetz sowie nach § 29 und sie haben die Befugnisse nach § 25 Bundesjagdgesetz sowie nach § 32 Abs. 1.

(3) Mehrere Jagdausübungsberechtigte können für ihre aneinandergrenzenden Jagdbezirke gemeinsame Jagdaufseher bestellen. Diese müssen den Anforderungen nach Abs. 2 Satz 1 entsprechen. Die Jagdbehörde kann die Bestellung von Berufsjägerinnen oder Berufsjägern oder geprüften Jagdaufseherinnen oder Jagdaufsehern verlangen, wenn dies für die Jagdausübungsberechtigten zumutbar und zum Jagdschutz notwendig ist.

(4) Die Jagdaufseher müssen während der Ausübung der ihnen übertragenen Aufgaben ihre schriftliche Bestellung, die bestätigten Jagdaufseher ihren Jagdschein mit dem entsprechenden Eintrag mit sich führen und auf Verlangen vorzeigen.

§ 32 Befugnisse von bestätigten Jagdaufseherinnen und Jagdaufsehern sowie Jagdausübungsberechtigten

(1) Die zur Ausübung des Jagdschutzes nach § 25 Abs. 1 Bundesjagdgesetz Berechtigten sind befugt,
1. Personen, die in einem Jagdbezirk unberechtigt jagen oder eine sonstige Zuwiderhandlung gegen jagdrechtliche Vorschriften begehen oder außerhalb der zum allgemeinen Gebrauch bestimmten Wege zur Jagd ausgerüstet ange-

troffen werden, anzuhalten, ihnen gefangenes und erlegtes Wild, Abwurfstangen, Eier und Waffen, zur Jagd taugliche Geräte oder zur Jagd abgerichtete oder geeignete Tiere abzunehmen und ihre Personalien festzustellen,
2. Hunde, die im Jagdbezirk außerhalb der Einwirkung von Begleitpersonen Wild nachstellen, und Katzen, die in einer Entfernung von mehr als 500 Meter, im Zeitraum vom 1. März bis 31. August in einer Entfernung von mehr als 300 Meter von der nächsten Ansiedlung jagend angetroffen werden, zu töten. Die Tötung muss unterbleiben, wenn andere Maßnahmen ausreichen, um die Gefahr abzuwehren, die von dem Hund oder der Katze ausgeht. Das Tötungsrecht gilt nicht für Hirten-, Jagd-, Blinden-, Polizei- und Rettungshunde. Hunde und Katzen, die sich in Fanggeräten gefangen haben, sind als Fundtiere zu behandeln.

(2) Jagdausübungsberechtigte können auch Jagdgästen den Abschuss von Hunden und Katzen nach Maßgabe des Abs. 1 Nr. 2 erlauben. Die Erlaubnis ist schriftlich zu erteilen; die Jagdgäste müssen sie bei der Ausübung der Jagd mit sich führen.

(3) Für einen in einem Jagdbezirk getöteten Hund oder für eine dort getötete Katze kann Schadensersatz verlangt werden, wenn die Anspruchsberechtigten nachweisen, dass die gesetzlichen Voraussetzungen für die Zulässigkeit der Tötung nicht gegeben waren.

VII. Abschnitt
Wild- und Jagdschaden

SIEBENTER TEIL
Wild- und Jagdschaden

1. Wildschadensverhütung

§ 26 Fernhalten des Wildes
Der Jagdausübungsberechtigte sowie der Eigentümer oder Nutzungsberechtigte eines Grundstückes sind berechtigt, zur Verhütung von Wildschäden das Wild von den Grundstücken abzuhalten oder zu verscheuchen.

Der Jagdausübungsberechtigte darf dabei das Grundstück nicht beschädigen, der Eigentümer oder Nutzungsberechtigte darf das Wild weder gefährden noch verletzen.

§ 27 Verhinderung übermäßigen Wildschadens
(1) Die zuständige Behörde kann anordnen, daß der Jagdausübungsberechtigte unabhängig von den Schonzeiten innerhalb einer bestimmten Frist in bestimmtem Umfange den Wildbestand zu verringern hat, wenn dies mit Rücksicht auf das allgemeine Wohl, insbesondere auf die Interessen der Land-, Forst- und Fischereiwirtschaft und die Belange des Naturschutzes und der Landschaftspflege, notwendig ist.
(2) Kommt der Jagdausübungsberechtigte der Anordnung nicht nach, so kann die zuständige Behörde für dessen Rechnung den Wildbestand vermindern lassen. Das erlegte Wild ist gegen angemessenes Schußgeld dem Jagdausübungsberechtigten zu überlassen.

§ 28 Sonstige Beschränkungen in der Hege
(1) Schwarzwild darf nur in solchen Einfriedungen gehegt werden, die ein Ausbrechen des Schwarzwildes verhüten.
(2) Das Aussetzen von Schwarzwild und Wildkaninchen ist verboten.
(3) Das Aussetzen oder das Ansiedeln fremder Tiere in der freien Natur ist nur mit schriftlicher Genehmigung der zuständigen obersten Landesbehörde oder der von ihr bestimmten Stelle zulässig.
(4) Das Hegen oder Aussetzen weiterer Tierarten kann durch die Länder beschränkt oder verboten werden.
(5) Die Länder können die Fütterung von Wild untersagen oder von einer Genehmigung abhängig machen.

2. Wildschadensersatz

§ 29 Schadensersatzpflicht
(1) Wird ein Grundstück, das zu einem gemeinschaftlichen Jagdbezirk gehört oder einem gemeinschaftlichen Jagdbezirk angegliedert ist (§ 5 Abs. 1), durch Schalenwild, Wildkaninchen oder Fasanen beschä-

§ 33 Erstattungsausschluss
Wildschaden an Grundstücken, auf denen die Jagd ruht oder nicht ausgeübt werden darf, wird nicht erstattet. Diese Grundstücke bleiben bei der Berechnung der anteiligen Ersatzleistung für den Wildschaden an an-

digt, so hat die Jagdgenossenschaft dem Geschädigten den Wildschaden zu ersetzen. Der aus der Genossenschaftskasse geleistete Ersatz ist von den einzelnen Jagdgenossen nach dem Verhältnis des Flächeninhalts ihrer beteiligten Grundstücke zu tragen. Hat der Jagdpächter den Ersatz des Wildschadens ganz oder teilweise übernommen, so trifft die Ersatzpflicht den Jagdpächter. Die Ersatzpflicht der Jagdgenossenschaft bleibt bestehen, soweit der Geschädigte Ersatz von dem Pächter nicht erlangen kann.
(2) Wildschaden an Grundstücken, die einem Eigenjagdbezirk angegliedert sind (§ 5 Abs. 1), hat der Eigentümer oder der Nutznießer des Eigenjagdbezirks zu ersetzen. Im Falle der Verpachtung haftet der Jagdpächter, wenn er sich im Pachtvertrag zum Ersatz des Wildschadens verpflichtet hat. In diesem Falle haftet der Eigentümer oder der Nutznießer nur, soweit der Geschädigte Ersatz von dem Pächter nicht erlangen kann.
(3) Bei Grundstücken, die zu einem Eigenjagdbezirk gehören, richtet sich, abgesehen von den Fällen des Absatzes 2, die Verpflichtung zum Ersatz von Wildschaden (Absatz 1) nach dem zwischen dem Geschädigten und dem Jagdausübungsberechtigten bestehenden Rechtsverhältnis. Sofern nichts anderes bestimmt ist, ist der Jagdausübungsberechtigte ersatzpflichtig, wenn er durch unzulänglichen Abschuß den Schaden verschuldet hat.
(4) Die Länder können bestimmen, daß die Wildschadensersatzpflicht auch auf anderes Wild ausgedehnt wird und daß der Wildschadensbetrag für bestimmtes Wild durch Schaffung eines Wildschadensausgleichs auf eine Mehrheit von Beteiligten zu verteilen ist (Wildschadensausgleichskasse).

§ 30 Wildschaden durch Wild aus Gehege
Wird durch ein aus einem Gehege ausgetretenes und dort gehegtes Stück Schalenwild Wildschaden angerichtet, so ist ausschließlich derjenige zum Ersatz verpflichtet, dem als Jagdausübungsberechtigten, Eigentümer oder Nutznießer die Aufsicht über das Gehege obliegt.

§ 31 Umfang der Ersatzpflicht
(1) Nach den §§ 29 und 30 ist auch der deren Grundstücken außer Ansatz.

§ 34 Schadensanmeldung
(1) Der Anspruch auf Ersatz von Wild- oder Jagdschaden ist bei dem für das beschädigte Grundstück zuständigen Gemeindevorstand schriftlich anzumelden.
(2) Ist die Gemeinde selbst Geschädigte, teilt sie die Schadensfeststellung der Kommunalaufsichtsbehörde mit, die in diesem Fall die Aufgaben des Gemeindevorstandes wahrnimmt.

§ 35 Wildschadensschätzer
Der Gemeindevorstand jeder Gemeinde bestellt auf die Dauer von vier Jahren sachkundige Personen, die Wildschäden schätzen. Für die Schätzung von Wildschäden, die an Forstpflanzen entstehen, bestellt er Forstsachverständige. Die Bestellung ist jederzeit widerruflich.

§ 36 Erstattungsverfahren, Vorverfahren
(1) Wird ein Wildschaden nach § 34 angemeldet, so hat der Gemeindevorstand unverzüglich an Ort und Stelle einen Termin anzuberaumen, an dem der behauptete Schaden zu ermitteln ist und auf eine gütliche Einigung hingewirkt werden soll. Zu dem Termin sind die Beteiligten mit dem Hinweis zu laden, dass im Falle des Nichterscheinens mit der Ermittlung des Schadens dennoch begonnen wird. Zu den Beteiligten gehören auch Jagdausübungsberechtigte, sofern sie den Wildschaden ganz oder teilweise zu erstatten haben. Die zum Schätzen von Wildschäden bestellten Personen müssen nicht geladen werden.
(2) Jede beteiligte Person kann in dem Termin beantragen, dass der Schaden erst in einem späteren, kurz vor der Ernte abzuhaltenden Termin festgestellt werden soll. Diesem Antrag muss stattgegeben werden.
(3) Kommt eine gütliche Einigung zustande, so ist eine Niederschrift darüber aufzunehmen, wie und zu welchem Zeitpunkt der Schaden zu ersetzen ist und wie die Kosten des Verfahrens zu erstatten sind. Die Niederschrift enthält
1. Ort und Zeit der Verhandlung,
2. die Bezeichnung der Beteiligten, ihrer gesetzlichen Vertreter und

Wildschaden zu ersetzen, der an den getrennten, aber noch nicht eingeernteten Erzeugnissen eines Grundstücks eintritt.
(2) Werden Bodenerzeugnisse, deren voller Wert sich erst zur Zeit der Ernte bemessen läßt, vor diesem Zeitpunkt durch Wild beschädigt, so ist der Wildschaden in dem Umfange zu ersetzen, wie er sich zur Zeit der Ernte darstellt. Bei der Feststellung der Schadenshöhe ist jedoch zu berücksichtigen, ob der Schaden nach den Grundsätzen einer ordentlichen Wirtschaft durch Wiederanbau im gleichen Wirtschaftsjahr ausgeglichen werden kann.

§ 32 Schutzvorrichtungen
(1) Ein Anspruch auf Ersatz von Wildschaden ist nicht gegeben, wenn der Geschädigte die von dem Jagdausübungsberechtigten zur Abwehr von Wildschaden getroffenen Maßnahmen unwirksam macht.
(2) Der Wildschaden, der an Weinbergen, Gärten, Obstgärten, Baumschulen, Alleen, einzelstehenden Bäumen, Forstkulturen, die durch Einbringen anderer als der im Jagdbezirk vorkommenden Hauptholzarten einer erhöhten Gefährdung ausgesetzt sind, oder Freilandpflanzungen von Garten- oder hochwertigen Handelsgewächsen entsteht, wird, soweit die Länder nicht anders bestimmen, nicht ersetzt, wenn die Herstellung von üblichen Schutzvorrichtungen unterblieben ist, die unter gewöhnlichen Umständen zur Abwendung des Schadens ausreichen. Die Länder können bestimmen, welche Schutzvorrichtungen als üblich anzusehen sind.

3. Jagdschaden

§ 33 Schadensersatzpflicht
(1) Wer die Jagd ausübt, hat dabei die berechtigten Interessen der Grundstückseigentümer oder Nutzungsberechtigten zu beachten, insbesondere besäte Felder und nicht abgemähte Wiesen tunlichst zu schonen. Die Ausübung der Treibjagd auf Feldern, die mit reifender Halm- oder Samenfrucht oder mit Tabak bestanden sind, ist verboten; die Suchjagd ist nur insoweit zulässig, als sie ohne Schaden für die reifenden Früchte durchgeführt werden kann.
(2) Der Jagdausübungsberechtigte haftet der Bevollmächtigten nach Namen, Beruf oder Gewerbe, Wohnort und Anschrift,
3. die Erklärungen der Beteiligten.
Die Niederschrift ist den Beteiligten vorzulesen oder zur Durchsicht vorzulegen, In der Niederschrift ist zu vermerken, dass dies geschehen und die Genehmigung erteilt ist.
(4) Kommt eine gütliche Einigung nicht zustande, so hat der Gemeindevorstand unverzüglich einen neuen Termin anzusetzen, zu dem auch eine zum Schätzen von Wildschäden bestellte Person zu laden ist.
(5) In diesem oder in dem folgenden Termin ist der entstandene Schaden von der zum Schätzen bestellten Person festzustellen. Aufgrund dieser Schätzung setzt der Gemeindevorstand den Schaden durch einen Vorbescheid fest; in ihm ist über die Kosten des Verfahrens nach billigem Ermessen zu bestimmen. Der Vorbescheid hat die Angaben nach Abs. 3 Satz 2 Nr. 2 zu enthalten. Er ist zu begründen, mit einer Rechtsmittelbelehrung zu versehen und den Beteiligten zuzustellen.
(6) Die Verfahrensgebühren sowie die notwendigen Auslagen, insbesondere Reisekosten und Gebühren der zum Schätzen bestellten Person, stellt die Gemeinde den Beteiligten in Rechnung. Die Kosten können auch festgesetzt und verteilt werden, wenn das Verfahren nicht zu Ende geführt worden ist. Die den Beteiligten erwachsenen Kosten sind nicht erstattungsfähig.
(7) Die Zwangsvollstreckung nach der Zivilprozessordnung findet statt
1. aus der Niederschrift über die Einigung, wenn die vollstreckbare Ausfertigung mindestens eine Woche vorher zugestellt ist,
2. aus dem Vorbescheid, wenn die vollstreckbare Ausfertigung bereits zugestellt ist oder gleichzeitig zugestellt wird.
(8) Die vollstreckbare Ausfertigung wird von dem Urkundsbeamten der Geschäftsstelle des Amtsgerichts erteilt, zu dessen Bezirk die Gemeinde gehört. In den Fällen der §§ 731, 768 und 791 der Zivilprozessordnung entscheidet das in Satz 1 bezeichnete Gericht.

dem Grundstückseigentümer oder Nutzungsberechtigten für jeden aus mißbräuchlicher Jagdausübung entstehenden Schaden; er haftet auch für den Jagdschaden, der durch einen von ihm bestellten Jagdaufseher oder durch einen Jagdgast angerichtet wird.

4. Gemeinsame Vorschriften

§ 34 Geltendmachung des Schadens
Der Anspruch auf Ersatz von Wild- oder Jagdschaden erlischt, wenn der Berechtigte den Schadensfall nicht binnen einer Woche, nachdem er von dem Schaden Kenntnis erhalten hat oder bei Beobachtung gehöriger Sorgfalt erhalten hätte, bei der für das beschädigte Grundstück zuständigen Behörde anmeldet. Bei Schaden an forstwirtschaftlich genutzten Grundstücken genügt es, wenn er zweimal im Jahre, jeweils bis zum 1. Mai oder 1. Oktober, bei der zuständigen Behörde angemeldet wird. Die Anmeldung soll die als ersatzpflichtig in Anspruch genommene Person bezeichnen.

§ 35 Verfahren in Wild- und Jagdschadenssachen
Die Länder können in Wild- und Jagdschadenssachen das Beschreiten des ordentlichen Rechtsweges davon abhängig machen, daß zuvor ein Feststellungsverfahren vor einer Verwaltungsbehörde (Vorverfahren) stattfindet, in dem über den Anspruch eine vollstreckbare Verpflichtungserklärung (Anerkenntnis, Vergleich) aufzunehmen oder eine nach Eintritt der Rechtskraft vollstreckbare Entscheidung (Vorbescheid) zu erlassen ist. Die Länder treffen die näheren Bestimmungen hierüber.

VIII. Abschnitt
Inverkehrbringen und Schutz von Wild

§ 36 Ermächtigungen
(1) Das Bundesministerium wird ermächtigt, durch Rechtsverordnung mit Zustimmung des Bundesrates, soweit dies aus Gründen der Hege, zur Bekämpfung von Wilderei und Wildhehlerei, aus wissenschaftlichen Gründen oder zur Verhütung von Gesundheitsschäden durch Fallwild erforderlich ist,

§ 37 Klageverfahren
(1) Gegen den Vorbescheid können die Beteiligten binnen einer Frist von zwei Wochen seit Zustellung Klage erheben.
(2) Die Klage ist zu richten
1. von den Ersatzberechtigten gegen die Ersatzverpflichteten auf Zahlung des verlangten Mehrbetrages,
2. von den Ersatzverpflichteten gegen die Ersatzberechtigten auf Aufhebung des Vorbescheides und anderweitige Entscheidung über den Anspruch.

Im Schlussurteil ist zugleich über die zu erstattenden Kosten des Verfahrens nach § 36 nach billigem Ermessen zu erkennen.
(3) Auf die Einstellung der Zwangsvollstreckung und die Aufhebung oder Abänderung des Vorbescheides finden die Vorschriften der §§ 717 bis 719 der Zivilprozessordnung entsprechende Anwendung.

Vorschriften zu erlassen über
1. die Anwendung von Ursprungszeichen bei der Verbringung von erlegtem Schalenwild aus dem Erlegungsbezirk und der Verbringung von erlegtem Schalenwild in den Geltungsbereich dieses Gesetzes,
2. den Besitz von
   a) Wild, das nach Rechtsakten der Europäischen Gemeinschaft oder der Europäischen Union aus Gründen des Erhalts der Arten streng oder besonders geschützt oder von den Mitgliedstaaten der Europäischen Union zu schützen ist, oder
   b) sonstigem Wild,
2a. den gewerbsmäßigen Ankauf, Verkauf und Tausch von
   a) Wild, das nach Rechtsakten der Europäischen Gemeinschaft oder der Europäischen Union aus Gründen des Erhalts der Arten streng oder besonders geschützt oder von den Mitgliedstaaten der Europäischen Union zu schützen ist, oder
   b) sonstigem Wild,
2b. den sonstigen Erwerb, die Ausübung der tatsächlichen Gewalt oder das sonstige Verwenden, die Abgabe, das Anbieten zum Verkauf oder den Tausch, die Zucht, die Beförderung, das Veräußern oder das sonstige Inverkehrbringen von Wild,
3. die Ein-, Durch- und Ausfuhr sowie das sonstige Verbringen von Wild in den, durch den und aus dem Geltungsbereich dieses Gesetzes,
4. die Verpflichtung zur Führung von Wildhandelsbüchern,
5. das Kennzeichnen von Wild.

(2) Die Länder erlassen insbesondere Vorschriften über
1. die behördliche Überwachung des gewerbsmäßigen Ankaufs, Verkaufs und Tausches sowie der

gewerbsmäßigen Verarbeitung von Wildbret und die behördliche Überwachung der Wildhandelsbücher,
2. das Aufnehmen, die Pflege und die Aufzucht verletzten oder kranken Wildes und dessen Verbleib.

(3) Die Vorschriften nach Absatz 1 Nr. 2, 2a, 2b und 3 und Absatz 2 Nr. 2 können sich auch auf Eier oder sonstige Entwicklungsformen des Wildes, auf totes Wild, auf Teile des Wildes sowie auf die Nester und die aus Wild gewonnenen Erzeugnisse erstrecken.

(4) Rechtsverordnungen nach Absatz 1 Nr. 1 bedürfen des Einvernehmens mit dem Bundesministerium für Wirtschaft und Energie; Rechtsverordnungen nach Absatz 1 Nr. 3 bedürfen des Einvernehmens mit dem Bundesministerium der Finanzen. Rechtsverordnungen nach Absatz 1 Nr. 2 bis 5 bedürfen, soweit sie Rechtsakte der Europäischen Gemeinschaft oder der Europäischen Union auf dem Gebiet des Artenschutzes oder Verpflichtungen aus internationalen Artenschutzübereinkommen zu beachten haben, des Einvernehmens mit dem Bundesministerium für Umwelt, Naturschutz, Bau und Reaktorsicherheit.

(5) Das Bundesministerium der Finanzen und die von ihm bestimmten Zollstellen wirken bei der Ein-, Durch- und Ausfuhr sowie bei dem sonstigen Verbringen von Wild mit. Das Bundesministerium der Finanzen regelt im Einvernehmen mit dem Bundesministerium durch Rechtsverordnung ohne Zustimmung des Bundesrates die Einzelheiten des Verfahrens nach Satz 1; er kann dabei insbesondere Pflichten zu Anzeigen, Anmeldungen, Auskünften und zur Leistung von Hilfsdiensten sowie zur Duldung von Besichtigungen und von Entnahmen unentgeltlicher Muster und Proben vorsehen. Das Bundesministerium gibt im Einvernehmen mit dem Bundesministerium der Finanzen im Bundesanzeiger die Zollstellen bekannt, bei denen Wild zur Ein-, Durch- und Ausfuhr sowie zum sonstigen Verbringen abgefertigt wird, wenn die Ein-, Durch- und Ausfuhr sowie das sonstige Verbringen durch Rechtsverordnung nach Absatz 1 Nr. 3 geregelt ist.

§ 36a
-

ACHTER TEIL
Aufbau und Verfahren der Jagdverwaltung

§ 38 Jagdbehörden
(1) Oberste Jagdbehörde ist das für das Jagdwesen zuständige Ministerium.
(2) Obere Jagdbehörde ist das Regierungspräsidium Kassel.
(3) Die Aufgaben der Jagdbehörde werden in den Landkreisen vom Kreisausschuss und in den kreisfreien Städten vom Magistrat als Aufgaben zur Erfüllung nach Weisung wahrgenommen. Im Nationalpark nimmt das Nationalparkamt die Aufgaben der Jagdbehörde wahr.
(4) Erstreckt sich ein Jagdbezirk über die Grenzen eines Landkreises oder einer kreisfreien Stadt, so wird die zuständige Jagdbehörde von der oberen Jagdbehörde bestimmt; das gleiche gilt für Flächen eines Landkreises oder einer kreisfreien Stadt, die von dem Gebiet eines anderen Landkreises oder einer kreisfreien Stadt ganz umschlossen werden.
(5) Weisungen nach Abs. 3 Satz 1 sollen sich auf allgemeine Anordnungen beschränken. Weisungen im Einzelfall sind zulässig, wenn:
1. Die Aufgaben nicht im Einklang mit den Gesetzen wahrgenommen werden,
2. allgemeine Weisungen nicht befolgt werden,
3. Fälle von übergeordneter oder überörtlicher Bedeutung vorliegen oder
4. ein besonderes öffentliches Interesse besteht.

§ 39 Zuständigkeiten, Aufgaben
(1) Soweit durch Rechtsvorschrift nichts anderes bestimmt ist, ist die untere Jagdbehörde zuständige Behörde für die Durchführung der Aufgaben nach dem Jagdrecht. Sind mehrere untere Jagdbehörden für einen Vorgang zuständig, so bestimmt die obere Jagdbehörde die federführende untere Jagdbehörde, soweit dies zur einheitlichen Erledigung erforderlich ist.
(2) Die oberste Jagdbehörde ist zuständig für die Abschussfestsetzung in staatlichen Wild-

schutzgebieten, im Nationalpark sowie in staatlichen Jagdbezirken, die keiner Hegegemeinschaft zugeordnet sind oder die bei einer Flächengröße von mehr als 500 ha als Naturschutzgebiet ausgewiesen sind.

(3) Die oberste Jagdbehörde ist zuständig für:
1. die Aufhebung der Schonzeit aus besonderen Gründen der Wildseuchenbekämpfung und Landeskultur sowie zu wissenschaftlichen Lehr- und Forschungszwecken nach § 22 Abs. 1 Bundesjagdgesetz,
2. die Ausnahmeregelung bezüglich des Bejagungsverbotes auf Wild, für das keine Jagdzeit festgesetzt ist, im Rahmen wissenschaftlicher Lehr- und Forschungszwecke nach § 22 Abs. 2 Bundesjagdgesetz,

jeweils einschließlich erforderlicher Gestattungen nach § 23 Abs. 5.

(4) Die Jagdbehörden können die im Einzelfall erforderlichen Maßnahmen treffen, um die Einhaltung der Vorschriften dieses Gesetzes, des Bundesjagdgesetzes und der aufgrund dieser Gesetze erlassenen Vorschriften sicherzustellen.

§ 40 Beratung der Jagdbehörden
(1) Bei den unteren und der oberen Jagdbehörde werden nach Anhörung der Jägerschaft und des Jagdbeirates sachkundige Personen (Jagdberater und Sachkundige) für die Dauer von jeweils vier Jahren bestellt. Sie sollen die Jagdbehörde beraten und die Behandlung jagdfachlicher und jagdwirtschaftlicher Angelegenheiten vorbereiten.
(2) Jagdberater haben Anspruch auf Ersatz ihrer notwendigen Auslagen durch die Jagdbehörde; Verdienstausfall wird nicht vergütet.

IX. Abschnitt
Jagdbeirat und Vereinigungen der Jäger

§ 37
(1) In den Ländern sind Jagdbeiräte zu bilden, denen Vertreter der Landwirtschaft, der Forstwirtschaft, der Jagdgenossenschaften, der Jäger und des Naturschutzes angehören

§ 41 Vereinigung der Jäger, Jagdrechtsinhaber, Jagdbeirat
(1) Die Jägerschaft soll sich zu Vereinen und Verbänden zusammenschließen, deren Hauptaufgabe es ist, ihre Mitglieder zu weidgerechter Jagd anzuhalten und dafür zu sorgen, dass der Wildbestand und die Lebensräume aller Tier- und Pflanzenarten in

müssen.
(2) Die Länder können die Mitwirkung von Vereinigungen der Jäger für die Fälle vorsehen, in denen Jagdscheininhaber gegen die Grundsätze der Weidgerechtigkeit verstoßen (§ 1 Abs. 3).

ihrer natürlichen Vielfalt erhalten bleiben oder wieder hergestellt werden.
(2) Den Vereinigungen der Jäger können Aufgaben des Jagdwesens übertragen werden, wenn sie aufgrund ihrer Mitgliederzahl, nach ihrer Organisationsform, Ausstattung und personellen Besetzung in der Lage sind, die Aufgaben landesweit zu erfüllen.
(3) Die Inhaber des Jagdrechtes sollen sich zu Vereinen und Verbänden zusammenschließen, deren Aufgabe es insbesondere ist, die Jagdrechtsinhaber in ihrem Bemühen zu unterstützen, die Jagdbezirke im Sinne des § 1 Abs. 2 Bundesjagdgesetz zu erhalten und ihre Belange zu vertreten.
(4) Bei den unteren Jagdbehörden werden Jagdbeiräte gebildet.
(5) Bei der obersten Jagdbehörde wird ein Landesjagdbeirat gebildet.
(6) Die Jagdbeiräte und der Landesjagdbeirat üben beratende Tätigkeit aus. Die Mitwirkung der Jagdbeiräte bei den Jagdbehörden bei der Bestätigung oder Festsetzung der Abschusspläne nach § 21 Abs. 2 Satz 1 Bundesjagdgesetz und § 26 Abs. 1 dieses Gesetzes bleibt unberührt.

X. Abschnitt
Straf- und Bußgeldvorschriften

§ 38 Strafvorschriften
(1) Mit Freiheitsstrafe bis zu fünf Jahren oder mit Geldstrafe wird bestraft, wer
1. einer vollziehbaren Anordnung nach § 21 Abs. 3 zuwiderhandelt,
2. entgegen § 22 Abs. 2 Satz 1 Wild nicht mit der Jagd verschont oder
3. entgegen § 22 Abs. 4 Satz 1 ein Elterntier bejagt.

(2) Handelt der Täter fahrlässig, so ist die Strafe Freiheitsstrafe bis zu einem Jahr oder Geldstrafe.

§ 38a Strafvorschriften
(1) Mit Freiheitsstrafe bis zu fünf Jahren oder mit Geldstrafe wird bestraft, wer einer Rechtsverordnung nach § 36 Absatz 1 Nummer 2a Buchstabe a, auch in Verbindung mit Absatz 3, oder einer vollziehbaren Anordnung auf Grund einer solchen Rechtsverordnung zuwiderhandelt, soweit die Rechts-

NEUNTER TEIL
Bußgeldvorschriften

§ 42 Bußgeldvorschriften
(1) Ordnungswidrig handelt, wer vorsätzlich oder fahrlässig
1. entgegen § 2 Abs. 3 Äsungsflächen im Wald mit den dort genannten Ackerfrüchten bestellt,
2. der Anzeigepflicht nach § 3 Abs. 1 Satz 1 nicht nachkommt,
3. entgegen § 5 Abs. 3 Satz 3 die Fangjagd betreibt und an keinem anerkannten Ausbildungslehrgang nach § 19 Abs. 2 teilgenommen hat oder Fanggeräte verwendet, die nicht die Voraussetzungen des § 19 Abs. 1 erfüllen,
4. entgegen § 10 Abs. 2 oder 3 der Anzeigepflicht nicht oder nicht rechtzeitig nachkommt,
5. entgegen § 12 Abs. 3 Satz 1 eine entgeltliche Jagderlaubnis mit einer Gültigkeit von länger als

verordnung für einen bestimmten Tatbestand auf diese Strafvorschrift verweist.

(2) Mit Freiheitsstrafe bis zu drei Jahren oder mit Geldstrafe wird bestraft, wer einer Rechtsverordnung nach § 36 Absatz 1 Nummer 2 Buchstabe a, auch in Verbindung mit Absatz 3, oder einer vollziehbaren Anordnung auf Grund einer solchen Rechtsverordnung zuwiderhandelt, soweit die Rechtsverordnung für einen bestimmten Tatbestand auf diese Strafvorschrift verweist.

(3) Erkennt der Täter in den Fällen des Absatzes 1 leichtfertig nicht, dass sich die Handlung auf Wild einer Art bezieht, die in § 36 Absatz 1 Nummer 2a Buchstabe a genannt ist, so ist die Strafe Freiheitsstrafe bis zu zwei Jahren oder Geldstrafe.

(4) Erkennt der Täter in den Fällen des Absatzes 2 leichtfertig nicht, dass sich die Handlung auf Wild einer Art bezieht, die in § 36 Absatz 1 Nummer 2 Buchstabe a genannt ist, so ist die Strafe Freiheitsstrafe bis zu einem Jahr oder Geldstrafe.

(5) Die Tat ist nicht strafbar, wenn die Handlung eine unerhebliche Menge der Exemplare betrifft und unerhebliche Auswirkungen auf den Erhaltungszustand der Art hat

§ 39 Ordnungswidrigkeiten

(1) Ordnungswidrig handelt, wer
1. in befriedeten Bezirken die Jagd ausübt oder einer Beschränkung der Jagderlaubnis (§ 6) zuwiderhandelt;
2. auf vollständig eingefriedeten Grundflächen die Jagd entgegen einer nach § 7 Abs. 3 vorgeschriebenen Beschränkung ausübt;
3. auf Grund eines nach § 11 Abs. 6 Satz 1 nichtigen Jagdpachtvertrages, einer nach § 11 Abs. 6 Satz 2 nichtigen entgeltlichen Jagderlaubnis oder entgegen § 12 Abs. 4 die Jagd ausübt;
4. als Inhaber eines Jugendjagdscheines ohne Begleitperson die Jagd ausübt (§ 16);
5. den Vorschriften des § 19 Abs. 1 Nr. 3 bis 9, 11 bis 14, 16 bis 18, § 19a oder § 20 Abs. 1 zuwiderzwölf Monaten ohne Genehmigung der Jagdbehörde erteilt oder entgegen § 12 Abs. 5 die Jagderlaubnis nicht bei sich führt oder auf Verlangen nicht vorzeigt,
6. entgegen einer vollziehbaren Anordnung nach § 17 Abs. 1 Satz 2 der Jagdbehörde oder entgegen § 17 Abs. 2 Satz 1 der Anzeigepflicht nicht oder nicht rechtzeitig nachkommt,
7. entgegen § 18 Abs. 3 in einem unzulässigen oder nach den Umständen vermeidbaren Ausmaß die Jagdausübung stört,
8. entgegen § 19 Abs. 1 Fanggeräte einsetzt,
9. entgegen § 20 Abs. 2 den Jägernotweg benutzt oder entgegen § 20 Abs. 3 den Vorschriften über das Tragen von Schusswaffen oder das Mitführen von Hunden zuwiderhandelt,
10. a) entgegen § 23 Abs. 2 Rotwild in Rotwildgebieten zur Nachtzeit im Wald erlegt,
b) entgegen § 23 Abs. 6 synthetisch hergestellte Stoffe zum Anlocken des Wildes verwendet,
c) entgegen § 23 Abs. 7 mit Vorderladerwaffen, Bolzen, Pfeilen, Posten, gehacktem Blei auf Wild oder mit Bleischrot auf Wasserwild schießt,
d) entgegen § 23 Abs. 8 Hunde und Katzen unbeaufsichtigt in einem Jagdbezirk laufen lässt,
e) entgegen § 23 Abs. 9 Satz 1 Tiere der dem Jagdrecht unterliegenden Arten ohne Genehmigung der Jagdbehörde aussetzt,
f) entgegen § 23 Abs. 9 Satz 3 Tiere der dem Jagdrecht unterliegenden Arten vor Ablauf von sechs Monaten nach der Aussetzung bejagt,
g) entgegen § 23 Abs. 10 die Jagd in einem Umkreis von 300 m von den Brückenköpfen von Grünbrücken ausübt oder
h) entgegen § 23 Abs. 11 Wildtiere während der Nachtzeit

handelt;
6. zum Verscheuchen des Wildes Mittel anwendet, durch die Wild verletzt oder gefährdet wird (§ 26);
7. einer Vorschrift des § 28 Abs. 1 bis 3 über das Hegen, Aussetzen und Ansiedeln zuwiderhandelt;
8. den Vorschriften des § 33 Abs. 1 zuwiderhandelt und dadurch Jagdschaden anrichtet;
9. den Jagdschein auf Verlangen nicht vorzeigt (§ 15 Abs. 1).

(2) Ordnungswidrig handelt, wer vorsätzlich oder fahrlässig
1. die Jagd ausübt, obwohl er keinen gültigen Jagdschein mit sich führt oder obwohl ihm die Jagdausübung verboten ist (§ 41a);
2. den Vorschriften des § 19 Abs. 1 Nr. 1, 2, 10 und 15 zuwiderhandelt;
3. Schalenwild oder anderes Wild, das nur im Rahmen eines Abschußplanes bejagt werden darf, erlegt, bevor der Abschußplan bestätigt oder festgesetzt ist (§ 21 Abs. 2 Satz 1), oder wer den Abschußplan überschreitet;
3a. entgegen § 22 Abs. 1 Satz 2 Wild nicht mit der Jagd verschont,
4. als Jagdausübungsberechtigter das Auftreten einer Wildseuche nicht unverzüglich der zuständigen Behörde anzeigt oder den Weisungen der zuständigen Behörde zur Bekämpfung der Wildseuche nicht Folge leistet (§ 24);
5. einer Rechtsverordnung nach § 36 Absatz 1 Nummer 1, 2 Buchstabe b, auch in Verbindung mit Absatz 3, Nummer 2a Buchstabe b, auch in Verbindung mit Absatz 3, Nummer 2b, auch in Verbindung mit Absatz 3, Nummer 3, auch in Verbindung mit Absatz 3, Nummer 4 oder Nummer 5, Absatz 2 oder Absatz 5 oder einer vollziehbaren Anordnung auf Grund einer solchen Rechtsverordnung zuwiderhandelt, soweit die Rechtsverord-
durch unbefugtes Betreten des Lebensraumes abseits befestigter Wege stört,
11. entgegen § 24 Abs. 1 Satz 2 Wildruhezonen betritt oder einer vollziehbaren Anordnung über die Einschränkungen der Jagdausübung nach § 24 Abs. 1 Satz 1 und 3 zuwiderhandelt,
12. entgegen § 26 Abs. 3 eine Abschussliste nicht führt oder auf Verlangen nicht vorlegt oder dem von der Jagdbehörde angeordneten körperlichen Nachweis von erlegtem Wild oder einer vollziehbaren Anordnung nach § 26 Abs. 4 Satz 1 oder Abs. 5 nicht nachkommt,
13. a) entgegen § 27 Abs. 1 krankgeschossenes, durch Verkehrsunfall oder auf andere Weise verletztes Wild nicht unverzüglich nachsucht und erlegt,
b) entgegen § 27 Abs. 2 Satz 1 erlegtes Wild nicht rechtzeitig meldet oder auf Verlangen vorlegt,
c) entgegen § 27 Abs. 3 Satz 2 oder Absatz 6 Satz 5 die ausgeübte nicht unverzüglich mitteilt oder
d) entgegen § 27 Abs. 4 Satz 2 oder Satz 4 das Überwechseln kranken Wildes nicht unverzüglich mitteilt oder
e) entgegen § 27 Abs. 6 bei der Nachsuche die Grenzen eines Jagdbezirkes unberechtigt überschreitet,
14. entgegen § 28 Abs. 1 bei der Nachsuche keine brauchbaren Jagdhunde verwendet, einer vollziehbaren Anordnung nach § 28 Abs. 2 zuwiderhandelt oder entgegen § 28 Abs. 3 einen Jagdhund ohne Erlaubnis des jeweiligen Jagdausübungsberechtigten ausbildet,
15. a) entgegen § 30 Abs. 2 Satz 1 Futtermittel ausbringt,
b) entgegen § 30 Abs. 2 Satz 2 verdorbene Futtermittel nicht

nung für einen bestimmten Tatbestand auf diese Bußgeldvorschrift verweist, oder
6. zur Jagd ausgerüstet unbefugt einen fremden Jagdbezirk außerhalb der zum allgemeinen Gebrauch bestimmten Wege betritt.

(3) Die Ordnungswidrigkeit kann mit einer Geldbuße bis zu fünftausend Euro geahndet werden.

§ 40 Einziehung

(1) Ist eine Straftat nach § 38 oder eine Ordnungswidrigkeit nach § 39 Abs. 1 Nr. 5 oder Abs. 2 Nr. 2 bis 3a oder 5 begangen worden, so können
1. Gegenstände, auf die sich die Straftat oder Ordnungswidrigkeit bezieht, und
2. Gegenstände, die zu ihrer Begehung oder Vorbereitung gebraucht worden oder bestimmt gewesen sind,

eingezogen werden.

(2) § 74a des Strafgesetzbuches und § 23 des Gesetzes über Ordnungswidrigkeiten sind anzuwenden.

§ 41 Anordnung der Entziehung des Jagdscheines

(1) Wird jemand wegen einer rechtswidrigen Tat
1. nach § 38 dieses Gesetzes,
2. nach den §§ 113, 114, 223 bis 227, 231, 239, 240 des Strafgesetzbuches, sofern derjenige, gegen den sich die Tat richtete, sich in Ausübung des Forst-, Feld-, Jagd- oder Fischereischutzes befand, oder
3. nach den §§ 292 bis 294 des Strafgesetzbuches

verurteilt oder nur deshalb nicht verurteilt, weil seine Schuldunfähigkeit erwiesen oder nicht auszuschließen ist, so ordnet das Gericht die Entziehung des Jagdscheines an, wenn sich aus der Tat ergibt, daß die Gefahr besteht, er werde bei weiterem Besitz des Jagdscheines erhebliche rechtswidrige Taten der bezeichneten Art begehen.

(2) Ordnet das Gericht die Entziehung des Jagdscheines an, so bestimmt es zugleich, unverzüglich beseitigt,
c) entgegen § 30 Abs. 3 Satz 1 eine Wildfütterung betreibt, die das Hegeziel gefährdet oder beeinträchtigt,
d) entgegen § 30 Abs. 3 Satz 2 eine Wildfütterung im Bereich von Biotopen, die nach § 30 Abs. 2 Satz 1 Bundesnaturschutzgesetz oder nach § 13 Hessisches Ausführungsgesetz zum Bundesnaturschutzgesetz geschützt werden, durchführt,
e) entgegen § 30 Abs. 5 Satz 1 in Notzeiten nicht zulässige Futtermittel ausbringt,
f) entgegen § 30 Abs. 5 Satz 5 eine Fütterung betreibt, die dem Fütterungskonzept der Hegegemeinschaft nicht entspricht oder dem Fütterungskonzept der Hegegemeinschaft nicht nachkommt,
g) entgegen § 30 Abs. 6 Satz 4 Futtermittel für Schwarzwild so ausbringt, dass es von anderem Schalenwild aufgenommen werden kann,
h) entgegen § 30 Abs. 8 Satz 1 Fütterungen zur Bejagung (Kirrungen) von Schwarzwild nicht anzeigt oder entgegen § 30 Abs. 8 Satz 2 die Füttermenge überschreitet oder entgegen § 30 Abs. 8 Satz 3 mehr Kirrungen je Jagdbezirk oder Ablenkfütterungen betreibt oder
i) entgegen § 30 Abs. 10 Satz 1 Arzneimittel an Wild verabreicht.
16. einer vollziehbaren Anordnung nach § 31 Abs. 3 Satz 3 zuwiderhandelt,
17. einer nach § 43 Nr. 1 zu § 8 Abs. 1, nach § 43 Nr. 2 zu § 9 Abs. 1, nach § 43 Nr. 6, 8, 9 oder einer nach § 25 Abs. 1 und 2 erlassenen Anordnung zuwiderhandelt, soweit diese für einen bestimmten Tatbestand auf diese Bußgeldvorschrift verweist.

(2) Die Ordnungswidrigkeit kann mit einer Geldbuße bis zu fünfundzwanzigtausend

daß für die Dauer von einem Jahr bis zu fünf Jahren kein neuer Jagdschein erteilt werden darf (Sperre). Die Sperre kann für immer angeordnet werden, wenn zu erwarten ist, daß die gesetzliche Höchstfrist zur Abwehr der von dem Täter drohenden Gefahr nicht ausreicht. Hat der Täter keinen Jagdschein, so wird nur die Sperre angeordnet. Die Sperre beginnt mit der Rechtskraft des Urteils.
(3) Ergibt sich nach der Anordnung Grund zu der Annahme, daß die Gefahr, der Täter werde erhebliche rechtswidrige Taten der in Absatz 1 bezeichneten Art begehen, nicht mehr besteht, so kann das Gericht die Sperre vorzeitig aufheben.

§ 41a Verbot der Jagdausübung
(1) Wird gegen jemanden
1. wegen einer Straftat, die er bei oder im Zusammenhang mit der Jagdausübung begangen hat, eine Strafe verhängt oder
2. wegen einer Ordnungswidrigkeit nach § 39, die er unter grober oder beharrlicher Verletzung der Pflichten bei der Jagdausübung begangen hat, eine Geldbuße festgesetzt,

so kann ihm in der Entscheidung für die Dauer von einem Monat bis zu sechs Monaten verboten werden, die Jagd auszuüben.
(2) Das Verbot der Jagdausübung wird mit der Rechtskraft der Entscheidung wirksam. Für seine Dauer wird ein erteilter Jagdschein, solange er nicht abgelaufen ist, amtlich verwahrt; das gleiche gilt für einen nach Ablauf des Jagdjahres neu erteilten Jagdschein. Wird er nicht freiwillig herausgegeben, so ist er zu beschlagnahmen.
(3) Ist ein Jagdschein amtlich zu verwahren, so wird die Verbotsfrist erst von dem Tage an gerechnet, an dem dies geschieht. In die Verbotsfrist wird die Zeit nicht eingerechnet, in welcher der Täter auf behördliche Anordnung in einer Anstalt verwahrt wird.
(4) Über den Beginn der Verbotsfrist nach Absatz 3 Satz 1 ist der Täter im Anschluß an die Verkündung der Entscheidung oder bei deren Zustellung zu belehren.

Euro geahndet werden.
(3) Verwaltungsbehörde im Sinne des § 36 Abs. 1 Nr. 1 des Gesetzes über Ordnungswidrigkeiten für die Verfolgung und Ahndung von Ordnungswidrigkeiten nach Abs. 1 sowie nach § 39 Bundesjagdgesetz ist die Jagdbehörde.
(4) Gegenstände, auf die sich die Ordnungswidrigkeit bezieht oder die zu ihrer Begehung oder Vorbereitung gebraucht werden oder bestimmt gewesen sind, können eingezogen werden. § 23 des Gesetzes über Ordnungswidrigkeiten ist anzuwenden.

ZEHNTER TEIL
Übergangs- und Schlussvorschriften

§ 43 Rechtsverordnungen
Die für das Jagdwesen zuständige Ministerin oder der dafür zuständige Minister wird ermächtigt, durch Rechtsverordnung Vorschriften zu erlassen über
1. die Bildung, die Zuständigkeiten, die Aufgaben und die Satzungen von Jagdgenossenschaften und über die Ausübung der Aufsicht nach § 8 Abs. 1, über die Bildung von Angliederungsgenossenschaften und über die Erhebung von Umlagen nach § 8 Abs. 4 und 5,
2. die Bildung von Hegegemeinschaften nach § 9 Abs. 1, insbesondere über die Zusammensetzung der Mitglieder, die Aufgaben, die räumliche Abgrenzung, über die Erfordernisse der Satzung und über die gesetzliche Bildung nach Abs. 2,
3. Jagd- und Schonzeiten nach § 22 Bundesjagdgesetz und abweichend vom Bundesrecht,
4. die Jägerprüfung nach § 15 Abs. 5 Bundesjagdgesetz und die Falknerprüfung nach § 15 Abs. 7 Bundesjagdgesetz, insbesondere über das Verfahren für die Jägerprüfung, über die Prüfungsausschüsse und über die Entschädigung der Mitglieder,
5. die Bestimmung weiterer Tierar-

§ 42 Landesrechtliche Straf- und Bußgeldvorschriften
Die Länder können Straf- und Bußgeldbestimmungen für Verstöße gegen die von ihnen erlassenen Vorschriften treffen, soweit solche nicht schon in diesem Gesetz enthalten sind.

XI. Abschnitt
Schlußvorschriften

§ 43
(weggefallen)

§ 44 Sonderregelungen
Die zuständigen Landesregierungen werden ermächtigt, durch Rechtsverordnung im Benehmen mit dem Bundesministerium die Ausübung des Jagdrechts auf der Insel Helgoland und die Jagd auf Wasservögel auf dem Untersee und dem Rhein bei Konstanz abweichend von den Vorschriften dieses Gesetzes zu regeln.

§ 44a Unberührtheitsklausel
Vorschriften des Lebensmittelrechts, Seuchenrechts, Fleischhygienerechts und Tierschutzrechts bleiben unberührt.

§ 45
(weggefallen)

§ 46 Inkrafttreten des Gesetzes
(1) (Inkrafttreten der ursprünglichen Fassung des Gesetzes)
(2) (Aufhebung von Vorschriften)
(3) *Verweisungen auf Vorschriften, die nach Absatz 2 außer Kraft getreten sind, gelten als Verweisungen auf die entsprechenden Vorschriften dieses Gesetzes oder die entsprechenden landesrechtlichen Vorschriften.*

ten, die dem Jagdrecht unterliegen, nach § 2 Abs. 2 Bundesjagdgesetz,
6. über die Voraussetzung für die Fanggeräte und die Ausübung der Fangjagd nach § 19 Abs. 1 und 2,
7. die Aufgabenübertragung auf die Vereinigungen der Jäger nach § 41 Abs. 2 sowie über die Zusammensetzung der Jagdbeiräte und des Landesjagdbeirates nach § 41 Abs. 4 und 5,
8. die behördliche Überwachung des gewerbsmäßigen Ankaufs, Verkaufs und Tausches sowie der gewerbsmäßigen Verarbeitung von Wildbret und die behördliche Überwachung der Wildhandelsbücher und das Aufnehmen, die Pflege und die Aufzucht verletzten oder kranken Wildes und dessen Verbleib und
9. die Fütterung von Schalenwild nach § 30 Abs. 2 bis 9.

§ 44
(vollzogen)

§ 45
(vollzogen)

§ 46 In-Kraft-Treten, Außer-Kraft-Treten
Dieses Gesetz tritt am Tage nach der Verkündung in Kraft. Es tritt mit Ablauf des 31. Dezember 2019 außer Kraft.

Hessische Jagdverordnung (HJagdV)

vom 10. Dezember 2015 (GVBl. S. 670)

Erster Teil
Bestimmung weiterer Tierarten, die dem Jagdrecht unterliegen

§ 1 Weitere Tierarten, die dem Jagdrecht unterliegen
(1) Über die in § 2 Abs. 1 des Bundesjagdgesetzes in der Fassung vom 29. September 1976 (BGBl. I S. 2849), zuletzt geändert durch Verordnung vom 31. August 2015 (BGBl. I S. 1474), genannten Tierarten hinaus unterliegen dem Jagdrecht:

1.	Haarwild	Marderhunde Minks Nutrias (Sumpfbiber) Waschbären
2.	Federwild	Elstern Rabenkrähen

(2) Der Verkauf von erlegten Elstern und Rabenkrähen oder von Teilen von ihnen ist nicht zulässig. Die sonstigen Aneignungs- und Verwertungsrechte der Jagdausübungsberechtigten bleiben davon unberührt.

Zweiter Teil
Jagd- und Schonzeiten

§ 2 Jagdzeiten für nach Landesrecht jagdbare Tierarten
Für die in § 1 Abs. 1 aufgeführten Tierarten gelten folgende Jagdzeiten:

1.	**Haarwild**	
	Marderhunde	vom 1. September bis 28. Februar
	Minks	vom 1. September bis 28. Februar
	Nutrias	vom 1. September bis 28. Februar
	Waschbären	vom 1. August bis 28. Februar
2.	**Federwild**	
	Elstern	vom 1. August bis 31. Dezember
	Rabenkrähen	vom 1. August bis 31. Dezember

§ 3 Jagdzeiten für nach Bundesrecht jagdbare Tierarten
(1) Abweichend von § 22 Abs. 2 Satz 1 des Bundesjagdgesetzes und § 1 Abs. 1 und 2 der Verordnung über die Jagdzeiten vom 2. April 1977 (BGBl. I S. 531), zuletzt geändert durch Verordnung vom 25. April 2002 (BGBl. I S. 1487), darf die Jagd wie folgt ausgeübt werden:

1.	Haarwild	
	Rotwild	
	Kälber	vom 1. August bis 31. Januar
	Schmalspießer und Schmaltiere	vom 1. Mai bis 31. Mai und vom 1. August bis 31. Januar
	Dam- und Sikawild	
	Kälber	vom 1. September bis 31. Januar
	Schmalspießer und Schmaltiere	vom 1. August bis 31. Januar
	Rehwild	
	Kitze	vom 1. September bis 31. Januar
	Rehböcke	vom 1. Mai bis 31. Januar
	Feldhasen	vom 1. Oktober bis 31. Dezember
	Steinmarder	vom 16. Oktober bis 31. Januar
	Baummarder	keine Jagdzeit
	Iltisse	keine Jagdzeit
	Hermeline	keine Jagdzeit
	Mauswiesel	keine Jagdzeit
	Füchse	vom 15. August bis 28. Februar
2.	Federwild	
	Rebhühner	keine Jagdzeit bis zum 31. Dezember 2019, danach vom 16. September bis 31. Oktober, soweit sie nicht nach Abs. 3 Satz 2 zu verschonen sind
	Fasanenhennen	keine Jagdzeit
	Wildtruthähne	keine Jagdzeit
	Wildtruthennen	keine Jagdzeit
	Ringeltauben	vom 1. November bis 15. Januar
	Juvenile Ringeltauben	vom 1. November bis 20. Februar
	Türkentauben	keine Jagdzeit bis zum 31. Dezember 2019, danach vom 1. November bis 15. Januar, soweit sie nicht nach Abs. 3 Satz 2 zu verschonen sind
	Höckerschwäne	keine Jagdzeit
	Graugänse	vom 1. August bis 31. Oktober, soweit sie nicht nach Abs. 4 zu verschonen sind
	Bläß-, Saat-, Ringelgänse	keine Jagdzeit
	Kanadagänse	vom 1. August bis 31. Oktober
	Stockenten	vom 1. September bis 15. Januar
	Pfeif-, Krick-, Spieß-, Berg-, Reiher-, Tafel-, Samt- und Trauerenten	keine Jagdzeit
	Waldschnepfen	keine Jagdzeit
	Blässhühner	keine Jagdzeit bis zum 31. Dezember 2019, danach vom 1. September bis 15. Januar, soweit sie nicht nach Abs. 3 Satz 2 zu verschonen sind
	Lach-, Sturm-, Silber-, Mantel- und Heringsmöwen	keine Jagdzeit bis zum 31. Dezember 2019, danach vom 1. Oktober bis 15. Januar, soweit sie nicht nach Abs. 3 Satz 2 zu verschonen sind
	Nilgänse	vom 1. September bis 15. Januar

(2) Zur Herstellung einer einheitlichen Jagdzeit in einem länderübergreifenden Rot- oder Damwildgebiet kann die oberste Jagdbehörde vom Bundesrecht oder vom hessischen Landesrecht abweichende Jagdzeiten festsetzen.
(3) Für nicht abschussplanpflichtiges Niederwild, insbesondere Feldhase und Stockente, soll die Bejagung nur so erfolgen, dass sich die Strecke bei ausreichenden Besatzdichten im Rahmen des jährlichen Zuwachses bewegt und die Aufgaben und Ziele nach § 1 des Hessischen Jagdgesetzes berücksichtigt werden. Abweichend von Abs. 1 Nr. 2 sind ab dem 1. Januar 2020 Rebhuhn, Türkentauben, Blässhühner und Lach-, Sturm-, Silber-, Mantel- und Heringsmöwen von der Jagd zu verschonen, wenn kein ausreichender Besatz vorhanden ist.
(4) Abweichend von Abs.1 Nr. 2 sind Graugänse in den nachfolgend genannten Vogelschutzgebieten nach Anlage 3b der Verordnung über die Natura 2000 – Gebiete in Hessen vom 16. Januar 2008 (GVBl. I. S. 30), geändert durch Gesetz vom 20. Dezember 2010 (GVBl. I S. 629, I 2011 S. 43) auf Stillgewässern und innerhalb einer Ruhezone von 70 Metern um den Stillgewässerrand von der Jagd zu verschonen:

Schutzgebiets-Nr.:	Name
4722-401	Fuldaaue um Kassel
5026-402	Rhäden von Obersuhl und Auen an der mittleren Werra
5219-401	Amöneburger Becken
5417-401	Lahnaue zwischen Atzbach und Gießen
5519-401	Wetterau
5914-450	Inselrhein
5920-401	Bong´sche Kiesgrube und Mainflinger Mainufer
6116-450	Hessisches Ried mit KühkopfKnoblochsaue
6119-401	Untere Gersprenzaue
6216-450	Rheinauen bei Biblis und Groß-Rohrheim
6217-403	Hessische Altneckarschlingen
6316-401	Lampertheimer Altrhein

Dritter Teil
Jägerprüfung

§ 4 Inhalte der Jägerprüfung
Die Jägerprüfung besteht aus der jagdlichen Schießprüfung, dem schriftlichen und dem praktisch-mündlichen Prüfungsteil. Sie umfasst die nachfolgend aufgeführten Sachgebiete:
1. Wildbiologie: Biologie der Wildtierarten einschließlich Erkennungsmerkmale und Lebensweise, Lebensraumgestaltung, Land- und Waldbau einschließlich Wildschadensverhütung, ökologische Grundzüge besonders geschützter Biotope, Tier- und Pflanzenarten,
2. Jagdbetrieb: Wildhege, Jagdarten und -methoden, Haltung und Führung von Jagdhunden, Behandlung des erlegten Wildes einschließlich Beurteilung der gesundheitlichen Unbedenklichkeit, Wildbrethygiene, Wildkrankheiten und -seuchen, Vorschriften für Sicherheit und Gesundheitsschutz,
3. Waffen: Ballistik, Optik, Handhabung, Pflege und Aufbewahrung von Lang- und Kurzwaffen, Umgang mit Munition, Vorschriften für Sicherheit und Gesundheitsschutz,
4. Recht: Jagd-, Tierschutz-, Waffenrecht sowie Naturschutz- und Landschaftspflegerecht sowie weitere für die Jagdausübung relevante Einzelrechtsvorschriften.

§ 5 Zulassungsvoraussetzungen
Eine antragstellende Person ist zur Jägerprüfung zuzulassen, wenn
1. sie an einem Ausbildungslehrgang, dem ein Ausbildungsrahmenplan zugrunde liegt, der die in § 4 Satz 2 genannten Sachgebiete abdeckt, sowie an praktischen Unterweisungen und am Übungsschießen teilgenommen hat; der Ausbildungslehrgang darf nicht länger als zwei Jahre zurückliegen und muss vor Beginn der Jägerprüfung abgeschlossen sein,
2. sie über eine seit Beginn des Übungsschießens bis mindestens zum Ende der Jägerprüfung geltende Jagdhaftpflichtversicherung verfügt,
3. sie beim Übungsschießen mit Langwaffen, beim Kugelschuss ein Kaliber von 6,5 Millimeter und größer und beim Schrotschuss nur für den Schießstand zugelassene Schrotstärken in den Kalibern 20 bis 12 verwendet hat; die Verwendung eigener Jagdwaffen mit beliebiger Optik oder Visierung ist zulässig,
4. sie an mindestens fünf Tagen Schießübungen mit einer Kurzwaffe mit einer Mündungsenergie von mindestens 200 Joule auf eine stehende Scheibe mit jeweils mindestens 10 Schüssen ausgeführt hat,
5. sie an einer vom Veterinäramt anerkannten Schulung zur „Kundigen Person" nach der Verordnung (EG) Nr. 853/2004 des Europäischen Parlamentes und des Rates vom 29. April 2004 mit spezifischen Hygienevorschriften für Lebensmittel tierischen Ursprungs (ABl. EU Nr. L 139 S. 55, 2004 Nr. L 226 S. 22, 2008 Nr. L 46 S. 50, 2010 Nr. L 119 S. 26, 2013 Nr. L 160 S. 15, 2015 Nr. L 66 S. 22), zuletzt geändert durch Verordnung (EU) Nr. 1137/2014 (ABl. EU Nr. L 307 S. 28), teilgenommen hat,
6. keine Tatsachen vorliegen, die die Annahme rechtfertigen, dass die Person die erforderliche Zuverlässigkeit oder die körperliche Eignung nicht besitzt und
7. sie das 16. Lebensjahr vollendet hat oder binnen sechs Monaten nach Antragstellung vollenden wird.

§ 6 Zulassungsverfahren
(1) Der Antrag auf Zulassung zur Jägerprüfung ist vier Monate vor dem Prüfungstermin bei der Jagdbehörde zu stellen.
(2) Dem Antrag sind beizufügen:
1. eine Kopie des Personalausweises,
2. bei Minderjährigen eine beglaubigte Einverständniserklärung der gesetzlichen Vertreter,
3. die Teilnahmebescheinigung eines Veranstalters nach § 5 Nr. 1,
4. eine Bestätigung über die Jagdhaftpflichtversicherung einschließlich deren Geltungsdauer nach § 5 Nr. 2,
5. der Nachweis über die ausgeführten Schießübungen nach § 5 Nr. 3 und 4,
6. der Nachweis über die Teilnahme an einer Schulung nach § 5 Nr. 5,
7. eine persönliche Erklärung ob und gegebenenfalls welche Tatsachen vorliegen, die die körperliche Eignung im Sinne des Bundesjagdgesetzes in Frage stellen und ob und gegebenenfalls welche Straf- oder Bußgeldverfahren vorliegen, die eine Versagung des Jagdscheins nach Bundesjagdgesetz rechtfertigen könnten.

(3) Die Wiederholung von Prüfungsteilen nach § 16 oder die Fortsetzung einer unterbrochenen Prüfung bedarf einer gesonderten Zulassung. Der Antrag ist mindestens drei Monate vor dem geplanten Prüfungstermin an dieselbe Jagdbehörde zu richten, die die Zulassung erteilt hat. Diesem Antrag sind neben dem Bescheid nach § 17 Abs. 3, eine erneute Bestätigung nach Abs. 2 Nr. 4 und eine erneute Erklärung nach Abs. 2 Nr. 7 vorzulegen.
(4) Die Jagdbehörde entscheidet spätestens vier Wochen vor dem Prüfungstermin über einen Zulassungsantrag nach Abs. 1 oder Abs. 3 Satz 2 und meldet die zugelassenen Prüflinge der oberen Jagdbehörde.

§ 7 Jägerprüfungsausschüsse
(1) Die Jägerprüfung wird vor einem Prüfungsausschuss abgelegt.
(2) Die obere Jagdbehörde bestimmt die notwendige Anzahl der Prüfungsausschüsse sowie deren Sitz.
(3) Die Landesvereinigungen der Jägerinnen und Jäger sowie sonstige in Hessen tätige Jagd- und Naturschutzverbände können der oberen Jagdbehörde Vorschläge unterbreiten, wer als Mitglied in einen Prüfungsausschuss berufen werden soll.
(4) Die obere Jagdbehörde beruft für jeden Prüfungsausschuss fünf Mitglieder und vier stellvertretende Mitglieder. Aus dem Kreis der Mitglieder benennt sie ein vorsitzendes Mitglied und ein stellvertretendes vorsitzendes Mitglied. Die obere Jagdbehörde setzt die Mitglieder sowie deren Stellvertreter für die einzelnen Sachgebiete nach § 4 Satz 2 ein.
(5) Eine Amtszeit beträgt vier Jahre.
(6) Mitglied eines Prüfungsausschusses darf nur sein, wer jagdpachtfähig nach § 11 Abs. 5 des Bundesjagdgesetzes ist. Die Mitglieder müssen sich regelmäßig auf geeignete Art und Weise fortbilden, mindestens jedoch einmal pro Amtszeit an einer Fortbildung nach Maßgabe der oberen Jagdbehörde teilnehmen.
(7) Das vorsitzende Mitglied des Prüfungsausschusses bereitet die Prüfung organisatorisch vor und bestimmt für den praktisch-mündlichen Prüfungsteil eine Schriftführerin oder einen Schriftführer aus der Reihe der stellvertretenden Prüfungsausschussmitglieder.
(8) Die oberste Jagdbehörde setzt die Vergütung für die Mitglieder des Prüfungsausschusses fest.

§ 8 Durchführung der Jägerprüfung
(1) Die Jägerprüfung ist binnen zwei Jahren nach Ablauf des ersten Tages des ersten Prüfungsteils abzuschließen.
(2) Die obere Jagdbehörde teilt die Prüflinge den Prüfungsausschüssen zu und benachrichtigt die Prüflinge und die Prüfungsausschüsse entsprechend. Für die Wiederholung eines nicht bestandenen Prüfungsteils kann eine Zuteilung an einen anderen Prüfungsausschuss erfolgen. Eine Prüfung in einem Prüfungsteil wird nur durchgeführt, wenn vier Wochen vor dem Prüfungstermin mindestens acht Anmeldungen vorliegen.
(3) Jeder Prüfungsausschuss führt mindestens einmal jährlich eine Prüfung in jedem Prüfungsteil nach § 4 Satz 1 durch. Die Prüfungstermine und die Orte der Durchführung sind durch die obere Jagdbehörde im Benehmen mit dem jeweiligen Prüfungsausschuss festzusetzen und auf der Internetseite des Regierungspräsidiums Kassel zu veröffentlichen.
(4) Die Prüfungen in den Prüfungsteilen sind nicht öffentlich. Als Beobachter können anwesend sein:
1. die stellvertretenden Mitglieder des Jägerprüfungsausschusses,
2. ein Mitglied eines anderen hessischen Jägerprüfungsausschusses,
3. eine Vertreterin oder ein Vertreter eines Veranstalters von Ausbildungslehrgängen nach § 5 Abs. 1,
4. jeweils eine Vertreterin oder ein Vertreter der unteren, oberen und der obersten Jagdbehörde,
5. eine Vertreterin oder ein Vertreter der hessischen Landesvereinigungen der Jägerinnen und Jäger.

(5) Für jeden Prüfungsteil ist eine Niederschrift über den wesentlichen Hergang der Prüfung zu fertigen. Sie ist von allen Mitgliedern des Jägerprüfungsausschusses zu unterzeichnen. Mit Zustimmung des Prüflings kann die Prüfung auf Tonträger aufgezeichnet werden. Die Aufzeichnung kann als Hilfsmittel für die Erstellung der Niederschrift und als Beratungsgrundlage verwendet werden.

§ 9 Jagdliche Schießprüfung

(1) Das Ergebnis der Schießprüfung ist mit „bestanden" zu bewerten, wenn in allen folgenden Schießdisziplinen die nachstehenden Mindestergebnisse von dem Prüfling erfüllt wurden:

Disziplin	Stehender Rehbock	Stehender Überläufer	Laufender Keiler	Kipphase
Anschlag	stehend angestrichen	sitzend auf einem Rundholz aufgelegt	stehend freihändig; Voranschlag ist nicht zulässig	stehend freihändig; Voranschlag ist nicht zulässig; Die Flinte ist bis zum Sichtbarwerden des Hasens mit dem Hinterschaft an der Hüfte anliegend zu halten.
Waffe	Büchse	Büchse	Büchse	Flinte
Scheibe/ Anlage/ Durchführung	DJV Wildscheibe Nr. 1 nach der DJV Schießstandordnung und Schießstandvorschrift vom 1. April 2015. Jedem Prüfling ist durch Einziehen der Scheibe der Sitz des ersten Schusses und nach Abgabe aller Schüsse deren Sitze anzuzeigen	DJV Wildscheibe Nr. 2 nach der DJV Schießstandordnung und Schießstandvorschrift vom 1. April 2015. Jedem Prüfling ist durch Einziehen der Scheibe der Sitz des ersten Schusses und nach Abgabe aller Schüsse deren Sitze anzuzeigen	Bei einer Schussentfernung von 50 m ist die DJV Wildscheibe Nr. 5, bei einer Schussentfernung von 60 m die DJV Wildscheibe Nr. 6 nach der DJV Schießstandordnung und Schießstandvorschrift vom 1. April 2015 zu verwenden. Gemessen wird vom Erscheinen des Pürzels bis zum Verschwinden des Pürzels. Der flüchtige Überläufer bewegt sich von rechts nach links in 1,8 bis 2,0 Sekunden über eine 6 m Schneise.	in gleiche Richtung laufende, dreiteilige Kipphasen; nach dem Laden und Spannen der Flinte ist jeder Hase vom Prüfling einzeln abzurufen. Doppelschüsse sind zulässig.
Entfernung	95 bis 105 Meter	95 bis 105 Meter	50 bis 60 Meter	25 bis 35 Meter
Schusszahl	3 Einzelschuss	3 Einzelschuss	5 Einzelschuss	8 Doppelschuss
Mindestleistung	mindestens 2 Treffer vom 3. bis 10. Ring; wird ein Ring durch das Geschoss von außen her sichtbar angerissen, gilt die höhere Ringzahl.	mindestens 2 Treffer vom 3. bis 10. Ring; wird ein Ring durch das Geschoss von außen her sichtbar angerissen, gilt die höhere Ringzahl.	mindestens 3 Treffer innerhalb der Ringe. Wird ein Ring durch das Geschoss von außen her sichtbar angerissen gilt dies als Treffer.	mindestens 5 Treffer; als Treffer gilt, wenn beim Kipphasen mindestens 1 Segment umgeklappt ist.

(2) Bei der jagdlichen Schießprüfung finden die allgemein anerkannten Regeln über die Sicherheit auf Schießständen und die sichere Handhabung von Waffen und Munition Anwendung. Die örtlich geltende Schießstandordnung ist von den Prüflingen zu beachten. Die DJV Schießstandordnung und Schießstandvorschrift vom 1. April 2015 ist auf dem Schießstand einsehbar.
(3) Die Schießdisziplinen sind jeweils unter Aufsicht von mindestens zwei Mitgliedern des Prüfungsausschusses zu absolvieren. Diese tragen die Ergebnisse der Schießdisziplinen in eine Schießliste ein, die der Niederschrift über die jagdliche Schießprüfung beizufügen ist.
(4) Wenn ein Prüfling während der Schießprüfung Zweifel an der einwandfreien technischen Funktion der Waffen oder der Gebrauchsfähigkeit der Schießstandeinrichtung hat, muss er dies der Schießleitung unverzüglich melden. Die Schießleitung entscheidet hierüber nach Anhörung der anwesenden Mitglieder des Prüfungsausschusses vor Beendigung der Schießprüfung.
(5) Die jagdliche Schießprüfung eines Prüflings kann durch die Prüfer vorzeitig beendet werden, wenn er die nach Abs. 1 erforderliche Anzahl Treffer erreicht hat oder nicht mehr erreichen kann.
(6) Erreicht ein Prüfling nicht die Mindestergebnisse nach Abs. 1, so kann er während der laufenden Schießprüfung die jeweiligen Schießdisziplinen einmal wiederholen (Nachschießen). Einmaliges Nachschießen zählt nicht als Wiederholung der Prüfung nach § 16. Den Zeitpunkt des Nachschießens bestimmt das vorsitzende Mitglied des Prüfungsausschusses.

§ 10 Schriftlicher Teil der Prüfung
(1) In dem schriftlichen Teil der Prüfung sind im Antwort-Wahl-Verfahren je 25 Fragen aus den Sachgebieten nach § 4 Satz 2 zu beantworten.
(2) Von den für eine Frage vorgegebenen Antworten können auch mehrere richtig sein. Eine Frage ist dann richtig beantwortet und mit einem Punkt zu bewerten, wenn keine falsche Antwort ausgewählt wurde und alle richtigen Antworten ausgewählt wurden.
(3) Für jeden Prüfungstermin wird von der oberen Jagdbehörde ein landeseinheitlicher Prüfungsbogen erstellt. Jeweils mindestens 20 Fragen mit den dazugehörigen Antworten je Sachgebiet werden aus dem auf der Internetseite der oberen Jagdbehörde veröffentlichten Fragen- und Antwortenkatalog ausgewählt.
(4) Die schriftliche Jägerprüfung dauert zwei Stunden und findet unter Aufsicht von mindestens zwei Mitgliedern des Prüfungsausschusses statt.
(5) Die Prüfungsbögen werden von mindestens zwei Mitgliedern des Prüfungsausschusses bewertet. Die schriftliche Jägerprüfung ist bestanden, wenn in jedem Sachgebiet mindestens 20 Punkte erzielt wurden. Die bewerteten Prüfungsbögen sind der Niederschrift über den schriftlichen Prüfungsteil beizufügen.

§ 11 Praktisch-mündlicher Teil der Prüfung
Der praktisch-mündliche Prüfungsteil umfasst die Sachgebiete nach § 4 Satz 2. Die Prüfungsaufgaben und -fragen sollen auch sachgebietsübergreifend gestellt werden, um das jagdliche Verständnis beurteilen zu können.
(1) Die praktische Jägerprüfung soll in einem Jagdbezirk mittels Bestimmungsprüfung, Prüfungsgespräch und praktischen Vorführungen durchgeführt werden.
(2) Das Prüfungsgespräch soll zehn Minuten je Sachgebiet und Prüfling dauern. Exponate und Präparate können einbezogen werden. Die Prüflinge können in Gruppen zusammengefasst werden. Einer Gruppe dürfen nicht mehr als sechs Prüflinge angehören.
(3) Jede Aufgabe oder Frage des praktisch-mündliche Prüfungsteils erhält eine der Schwere und Bedeutung angemessene Bewertungspunktzahl, die vom Prüfungsausschuss vor Beginn der Prüfung festgelegt wird. Für teilweise gelöste Aufgaben oder beantwortete Fragen können Teilpunkte nach vorheriger Festlegung vergeben werden.
(4) Mindestens zwei Mitglieder des Prüfungsausschusses bewerten die Leistungen der Prüflinge in geheimer Beratung für jedes Sachgebiet und halten die Bewertung in einer Liste fest. Diese ist der Niederschrift über den praktisch- mündlichen Prüfungsteil beizufügen. Der prak-

tisch-mündliche Prüfungsteil ist bestanden, wenn in jedem Sachgebiet mindestens 60 Prozent der jeweils erreichbaren Punkte erzielt wurden.

§ 12 Prüflinge mit Behinderung
Schwerbehinderten sowie diesen gleichgestellten behinderten Menschen, denen es aufgrund ihrer Beeinträchtigung nicht möglich ist, eine Prüfungsleistung in der vorgeschriebenen Art und Weise zu erbringen, ist auf Antrag durch den Prüfungsausschuss ein angemessener Nachteilsausgleich zu gewähren.

§ 13 Ausschluss von der Jägerprüfung
(1) Ein Prüfling, der während der jagdlichen Schießprüfung oder während des praktisch-mündlichen Prüfungsteils Mängel bei der Handhabung mit Waffen zeigt, welche geeignet sind, sich selbst oder andere potentiell zu gefährden, oder gegen die in § 9 Abs. 2 Satz 1 und 2 genannten Regelungen verstößt, ist vom Prüfungsausschuss unmittelbar von der Jägerprüfung auszuschließen. In diesem Fall sind alle bisher bestandenen Prüfungsteile durch Bescheid von der oberen Jagdbehörde als nicht bestanden zu erklären.
(2) Durch Beschluss des Jägerprüfungsausschusses kann durch mündliche Erklärung des vorsitzenden Mitglieds ein Prüfling bis zum Abschluss der Überprüfung durch die Jagdbehörde von der Prüfung zurückgestellt werden, wenn während der Prüfung Umstände bekannt werden, die Zweifel an seiner Zuverlässigkeit oder körperlichen Eignung begründen.

§ 14 Täuschung
(1) Täuschungshandlungen haben die aufsichtführenden Mitglieder des Prüfungsausschusses festzustellen, zu unterbinden und dem vorsitzenden Mitglied des Prüfungsausschusses mitzuteilen. Bei einer erheblichen Störung des Prüfungsablaufs können die aufsichtführenden Mitglieder des Prüfungsausschusses Prüflinge von der weiteren Teilnahme an diesem Prüfungsteil ausschließen; hinsichtlich der Folgen gilt Abs. 2 entsprechend.
(2) Über die Folgen einer Täuschung oder einer Störung des Prüfungsablaufes entscheidet der Prüfungsausschuss. Er kann, je nach Schwere des Verstoßes einzelne Aufgaben mit null Punkten bewerten, den Prüfling von der weiteren Teilnahme an dem Prüfungsteil ausschließen und diesen für nicht bestanden erklären oder bereits bestandene Prüfungsteile für nicht bestanden erklären.
(3) Hat ein Prüfling getäuscht und wird diese Tatsache erst nach Aushändigung des Prüfungszeugnisses bekannt, kann der Prüfungsausschuss auch nachträglich innerhalb von zwei Jahren nach dem Tag der Aushändigung des Prüfungszeugnisses das Gesamtergebnis berichtigen oder die Prüfung für nicht bestanden erklären. Das unrichtige Prüfungszeugnis ist durch die Jagdbehörde einzuziehen.

§ 15 Rücktritt
(1) Sind Prüflinge durch Krankheit oder sonstige nicht durch sie selbst zu vertretende Gründe an der Ablegung eines Prüfungsteils verhindert, so ist dies unverzüglich dem Prüfungsausschuss und der oberen Jagdbehörde anzuzeigen und nachzuweisen. In Krankheitsfällen ist ein ärztliches Zeugnis vorzulegen. Die obere Jagdbehörde entscheidet über die Genehmigung des Rücktritts.
(2) Ein aus den Gründen des Abs. 1 versäumter Prüfungsteil gilt als nicht angetreten.
(3) Versäumen Prüflinge einen Prüfungsteil schuldhaft oder ohne genehmigten Rücktritt, so gilt der Prüfungsteil als nicht bestanden.

§ 16 Wiederholung von Prüfungsteilen
Jeder nicht bestandene Prüfungsteil kann zweimal innerhalb der Frist nach § 8 Abs. 1 wiederholt werden.

§ 17 Prüfungsergebnis
(1) Die Jägerprüfung ist bestanden, wenn alle Prüfungsteile bestanden wurden.
(2) Nach bestandener Jägerprüfung wird ein Zeugnis nach einem von der obersten Jagdbehörde erstellten Muster ausgestellt. Dieses ist von allen Mitgliedern des Prüfungsausschusses zu unterzeichnen und mit dem Siegel der oberen Jagdbehörde zu versehen.
(3) Wurde in einem Prüfungsteil nicht die erforderliche Mindestleistung erbracht, erhält der Prüfling von der oberen Jagdbehörde einen Bescheid über das Ergebnis dieses Prüfungsteils.
(4) Wenn ein Prüfungsteil dreimal nicht bestanden wurde, erhält der Prüfling von der oberen Jagdbehörde einen Bescheid über das Nichtbestehen der Jägerprüfung.

§ 18 Eingeschränkte Jägerprüfung (Jägerprüfung als Zulassungsvoraussetzung für die Falknerprüfung)
(1) Die eingeschränkte Jägerprüfung beinhaltet keine jagdliche Schießprüfung. Im schriftlichen und praktisch-mündlichen Teil bedarf es keiner Prüfung des Sachgebietes Waffen; die Prüfung im Sachgebiet Recht erstreckt sich nicht auf das Waffenrecht. Die §§ 4 bis 17 gelten entsprechend mit der Maßgabe, dass ein Antrag auf Zulassung zur eingeschränkten Jägerprüfung gestellt wird und der Nachweis über die ausgeführten Schießübungen nach § 5 Nr. 3 und 4 entfällt.
(2) Im Falle einer bestandenen eingeschränkten Jägerprüfung und einer bestandenen Falknerprüfung sind zur Ablegung der Jägerprüfung die in Abs. 1 genannten Bestandteile nachzuholen. Hierzu sind eine Schießprüfung abzulegen und im schriftlichen und mündlich-praktischen Teil im Sachgebiet Waffen sowie im Sachgebiet Recht hinsichtlich des Waffenrechtes zusätzliche Prüfungen abzulegen. Für diese gelten die §§ 4 bis 17 entsprechend mit der Maßgabe, dass dem Zulassungsantrag das Zeugnis über die bestandene eingeschränkte Jägerprüfung, das Zeugnis über die bestandene Falknerprüfung und der Nachweis über die ausgeführten Schießübungen nach § 5 Nr. 3 und 4 beizufügen sind.

§ 19 Prüfungsgebühr
(1) Die Prüfungsgebühr beinhaltet die Kosten für das Zulassungsverfahren bei der unteren Jagdbehörde sowie die Kosten für die Durchführung der Jägerprüfung durch die obere Jagdbehörde. Der Gesamtbetrag der Jägerprüfungsgebühr wird durch die untere Jagdbehörde vereinnahmt. Ein Sechstel der Gebühr verbleibt bei dem Landkreis oder der kreisfreien Stadt, fünf Sechstel der Gebühr führt der Landkreis oder die kreisfreie Stadt auf Anforderung der oberen Jagdbehörde an das Land ab.
(2) Die Prüfungsgebühr für eine eingeschränkte Jägerprüfung nach § 18 Abs. 1 oder eine Prüfung nach § 18 Abs. 2 beträgt zwei Drittel des vollen Satzes.
(3) Personen, die vor Beginn der Prüfung zurücktreten, wird die Hälfte der Prüfungsgebühr erstattet.

§ 20 Einsicht
Auf schriftlichen Antrag, der innerhalb eines Monats nach Bekanntgabe des Prüfungsergebnisses des schriftlichen Teils an den jeweiligen Prüfungsausschuss zu richten ist, ist dem Prüfling Einsicht in die schriftlichen Prüfungsarbeiten einschließlich der Bewertung zu gewähren.

§ 21 Gleichgestellter Studienabschluss
Der Jägerprüfung gleichgestellt ist der Studienabschluss einer deutschen Lehranstalt (Fachhochschule oder Universität), sofern dort die Inhalte der Jägerprüfung nach § 4 Satz 2 gelehrt wurden und zusätzlich
    1.   eine den Anforderungen des § 9 entsprechende jagdliche Schießprüfung,
    2.   ein den Anforderungen des § 11 entsprechender praktisch-mündlicher Prüfungsteil
bestanden wurden und das Bestehen dieser Prüfungsteile von der Lehranstalt gesondert bescheinigt wird.

Vierter Teil
Falknerprüfung

§ 22 Inhalte der Falknerprüfung
Die Falknerprüfung besteht aus dem mündlichen und dem praktischen Prüfungsteil.

§ 23 Zulassungsvoraussetzungen
(1) Eine antragstellende Person ist zur Falknerprüfung zuzulassen, wenn
 1. keine Tatsachen vorliegen, die die Annahme rechtfertigen, dass die Person die erforderliche Zuverlässigkeit oder die körperliche Eignung nicht besitzt,
 2. sie das 18. Lebensjahr vollendet hat oder binnen sechs Monaten nach Antragstellung vollenden wird und
 3. sie eine Jägerprüfung nach § 15 Abs. 5 des Bundesjagdgesetzes oder die eingeschränkte Jägerprüfung nach § 18 Abs. 1 bestanden hat.

(2) Wurde die Falknerprüfung nach § 26 Abs. 6 in Verbindung mit § 17 Abs. 4 nicht bestanden, besteht keine Möglichkeit zur erneuten Zulassung.

§ 24 Zulassungsverfahren
(1) Der Antrag auf Zulassung zur Falknerprüfung ist drei Monate vor dem Prüfungstermin bei der oberen Jagdbehörde zu stellen.
(2) Dem Antrag sind beizufügen:
 1. eine Kopie des Personalausweises,
 2. bei Minderjährigen eine beglaubigte Einverständniserklärung der gesetzlichen Vertreter,
 3. Zeugnis über eine Jägerprüfung oder eine eingeschränkten Jägerprüfung nach § 18 Abs. 1,
 4. eine persönliche Erklärung ob und gegebenenfalls welche Tatsachen vorliegen, die die körperliche Eignung im Sinne des Bundesjagdgesetzes in Frage stellen und ob und gegebenenfalls welche Straf- oder Bußgeldverfahren vorliegen, die eine Versagung des Jagd- oder Falknerscheins nach Bundesjagdgesetz rechtfertigen könnten.

(3) Die obere Jagdbehörde entscheidet spätestens vier Wochen vor dem Prüfungstermin über den Zulassungsantrag.

§ 25 Falknerprüfungsausschuss
(1) Die Falknerprüfung wird vor einem Prüfungsausschuss abgelegt.
(2) Der Prüfungsausschuss besteht aus fünf Mitgliedern. Die obere Jagdbehörde beruft die Mitglieder und für jedes Mitglied ein stellvertretendes Mitglied. Der Prüfungsausschuss wählt aus seiner Mitte mit Stimmenmehrheit ein vorsitzendes Mitglied und ein stellvertretendes vorsitzendes Mitglied.
(3) Mitglied des Prüfungsausschusses darf nur sein, wer im Besitz eines gültigen Falknerjagdscheines ist. § 7 Abs. 5, 6 Satz 2 und Abs. 7 gilt entsprechend.

§ 26 Durchführung der Falknerprüfung
(1) Die obere Jagdbehörde setzt mindestens einen Prüfungstermin pro Jahr fest.
(2) Liegen der oberen Jagdbehörde bis zwei Monate vor dem Prüfungstermin weniger als acht Anmeldungen vor, so kann sie mit der zuständigen Prüfungsbehörde eines anderen Bundeslandes eine gemeinsame Falknerprüfung durchführen, welche wahlweise in Hessen oder einem anderen Bundesland stattfindet.
(3) Findet die Prüfung in einem anderen Bundesland statt, teilt dies die obere Jagdbehörde den Antragstellerinnen und Antragstellern schriftlich mit und informiert sie über die sich daraus ergebenden Abweichungen gegenüber dieser Prüfungsordnung.

(4) Beide Prüfungsteile sollen vor demselben Prüfungsausschuss abgelegt werden. Die Wiederholung von Prüfungsteilen kann vor einem anderen Prüfungsausschuss erfolgen.
(5) Die Prüfungen in den Prüfungsteilen sind nicht öffentlich. Als Beobachter können anwesend sein:
1. die stellvertretenden Mitglieder des Falknerprüfungsausschusses,
2. eine Vertreterin oder ein Vertreter eines Veranstalters von Ausbildungslehrgängen für die Falknerprüfung,
3. jeweils eine Vertreterin oder ein Vertreter der obersten oder der oberen Jagdbehörde,
4. eine Vertreterin oder ein Vertreter der hessischen Landesvereinigungen der Falknerinnen und Falkner,
5. eine Vertreterin oder ein Vertreter des Falknerprüfungsausschusses eines anderen Bundeslandes.
(6) § 8 Abs. 5, die §§ 12 und 13 Abs. 2, die §§ 14, 15, 16 und 17 gelten entsprechend.

§ 27 Mündlicher Prüfungsteil
(1) Der mündliche Prüfungsteil umfasst folgende Sachgebiete:
1. Greifvogelkunde einschließlich Biologie, Gefährdung und Schutz von Greifvögeln,
2. tierschutzgerechte Haltung von Beizvögeln, Falknereigerät einschließlich dessen Pflege, das Abtragen einschließlich Aufzucht, Atzung, Krankheiten und Unterbringung der Vögel,
3. Ausübung der Beizjagd einschließlich der Beizjagd mit Hunden und Frettchen sowie deren Haltung und Führung, Versorgung und Verwertung des gebeizten Wildes, einschließlich der Fleischhygiene,
4. Rechtsgrundlagen der Falknerei, einschließlich der Vorschriften des Jagd-, Artenschutz-, Naturschutz- und Tierschutzrechts, sowie fachliche Richtlinien, Gutachten und Leitlinien.
(2) Die mündliche Falknerprüfung ist als Prüfungsgespräch, auch unter Einbeziehung von Exponaten oder Präparaten, von fünf Minuten Dauer je Sachgebiet und Prüfling durchzuführen. Die Prüflinge können in Gruppen zusammengefasst werden. Einer Gruppe dürfen nicht mehr als drei Prüflinge angehören.
(3) § 11 Abs. 3 und 4 gilt entsprechend.

§ 28 Praktischer Prüfungsteil
(1) Der praktische Prüfungsteil besteht aus praktischen Aufgaben zur Haltung von Beizvögeln und der Ausübung der Beizjagd. Insbesondere sollen die Prüflinge Kenntnisse und Fertigkeiten in der Handhabung von Falknereigeräten, bei der Anfertigung von Geschüh und beim Anlegen der Lederfesselung nachweisen.
(2) Die praktische Falknerprüfung ist als Prüfungsgespräch mit Umsetzung praktischer Aufgabenstellungen durchzuführen. Sie dauert 20 Minuten je Prüfling.
(3) § 11 Abs. 3 und 4 gilt entsprechend.

§ 29 Prüfungsgebühr
Die Prüfungsgebühr beinhaltet die Kosten für das Zulassungsverfahren und die Kosten für die Durchführung der Falknerprüfung. Sie beträgt zwei Drittel des vollen Satzes der Jägerprüfungsgebühr.

**Fünfter Teil
Hegegemeinschaften**

§ 30 Abgrenzung
(1) Hegegemeinschaften sind zu bilden für das Niederwild in den von der Jagdbehörde zusammengefassten Jagdbezirken. Diese Zusammenfassung erfolgt nach § 9 Abs. 1 des Hessischen Jagdgesetzes für einen bestimmten gemeinsamen Lebensraum des Niederwildes und wird durch die örtlichen Gegebenheiten des Naturraumes begrenzt. Änderungen der Hegegemeinschaftsgrenzen sind allen betroffenen Jagdrechtsinhabern und Jagdausübungsberechtigten mitzuteilen.
(2) Hegegemeinschaften sind zu bilden für das Hochwild in den amtlich abgegrenzten Rot-, Dam- und Muffelwildgebieten. Änderungen der Hegegemeinschaftsgrenzen nach einer Anpassung der Abgrenzung von Hochwildgebieten nach § 21a des Hessischen Jagdgesetzes werden im Staatsanzeiger des Landes Hessen veröffentlicht.
(3) Hegegemeinschaften nach Abs. 1 sind auch für die bestehenden Dam- und Muffelwildpopulationen nach § 26b Abs. 5 des Hessischen Jagdgesetzes zuständig.
(4) Von einer Bestimmung nach Abs. 1 und 2 sind Wildschutzgebiete nach § 25 des Hessischen Jagdgesetzes und vollständig eingegatterte Jagdbezirke auszunehmen.
(5) Die Jagdbehörde kann zur Durchführung jagdkundlicher oder wildbiologischer Untersuchungen und Forschungen Jagdbezirke von einem nach Abs. 1 und 2 bestimmten räumlichen Wirkungsbereich einer Hegegemeinschaft ausnehmen. Für das Verfahren gilt Abs. 1 Satz 3 entsprechend.

§ 31 Organe und Satzung
(1) Organe der Hegegemeinschaft sind die Mitgliederversammlung und der Vorstand.
(2) Die Mitgliederversammlung ist beschlussfähig, wenn die Mehrheit der Mitglieder anwesend ist und die Mehrheit der Jagdfläche vertreten ist. Im Falle der Beschlussunfähigkeit ist unverzüglich eine neue Mitgliederversammlung einzuberufen, die ohne Rücksicht auf die Zahl der anwesenden Mitglieder und die vertretene Jagdfläche beschlussfähig ist.
(3) Die Mitglieder beschließen in der konstituierenden Mitgliederversammlung die Satzung.
(4) Nach Beschluss der Satzung ist der Vorstand zu wählen.
(5) Der Vorstand vertritt die Hegegemeinschaft gerichtlich und außergerichtlich; er hat die Stellung eines gesetzlichen Vertreters. Der Umfang seiner Vertretungsmacht kann durch die Satzung mit Wirkung gegen Dritte beschränkt werden. Die Angelegenheiten der Hegegemeinschaft werden, soweit sie nicht vom Vorstand zu erledigen sind, durch Beschlussfassung der Mitgliederversammlung geregelt.
(6) Durch Mehrheitsbeschluss der Mitgliederversammlung kann die Satzung geändert werden.
(7) Satzungen bestehender Hegegemeinschaften, soweit sie dieser Verordnung widersprechen, sind bis zum 31. Dezember 2017 anzupassen.

§ 32 Bildung von Hegegemeinschaften durch die Jagdbehörde
(1) Im Falle der Bildung der Hegegemeinschaft nach § 9 Abs. 2 des Hessischen Jagdgesetzes ermittelt die Jagdbehörde die Mitglieder der Hegegemeinschaft nach § 9 Abs. 1 Satz 2 des Hessischen Jagdgesetzes und bestimmt aus deren Kreis einen geschäftsführenden Vorstand.
(2) Der geschäftsführende Vorstand erstellt einen Satzungsentwurf und lädt zur konstituierenden Mitgliederversammlung ein. Die Mitglieder beschließen in der konstituierenden Mitgliederversammlung die Satzung. Wird keine Satzung beschlossen, kann die Jagdbehörde im Benehmen mit dem Jagdbeirat bis zum Beschluss einer Satzung durch die Mitgliederversammlung die sachgerechte Fassung einer Satzung in Kraft setzen.
(3) Die dem geschäftsführenden Vorstand bei der Wahrnehmung seiner Aufgaben entstehenden Kosten trägt die Hegegemeinschaft.

§ 33 Weitere Mitglieder der Hegegemeinschaft
Weitere fachkundige Personen im Sinne des § 9 Abs. 1 Satz 5 des Hessischen Jagdgesetzes sind Sachkundige nach § 40 Abs. 1 Satz 1 des Hessischen Jagdgesetzes. Sie sollen aus den Bereichen
1. der Jägerschaft,
2. der Landwirtschaft,
3. der Forstwirtschaft,
4. den Jagdgenossenschaften und Eigenjagdbesitzern,
5. des Naturschutzes,
6. des Tierschutzes

bestimmt werden.

§ 34 Stimmrecht
(1) Je angefangene 100 Hektar bejagbare Fläche hat der Jagdrechtsinhaber eine Stimme. Gehört das Grundeigentum einer Personengemeinschaft oder wird durch eine Jagdgenossenschaft vertreten, kann das Stimmrecht nur einheitlich ausgeübt werden.
(2) Je angefangene 100 Hektar bejagbare Fläche hat der Jagdausübungsberechtigte eine Stimme. Haben mehrere Personen einen Jagdbezirk gemeinsam gepachtet oder sind in einem Eigenjagdbezirk mehrere Personen jagdausübungsberechtigt, kann das Stimmrecht nur einheitlich ausgeübt werden.
(3) Jede weitere fachkundige Person nach § 9 Abs. 1 Satz 5 des Hessischen Jagdgesetzes hat eine Stimme.
(4) Jedes Mitglied kann sich durch ein anderes Mitglied vertreten lassen. Die Vertretungsvollmacht bedarf der Schriftform.

§ 35 Aufgaben der Hegegemeinschaft
Der Hegegemeinschaft obliegt
1. die Erstellung von Lebensraumgutachten und gemeinsame Durchführung von Hegemaßnahmen,
2. die Aufstellung von Grundsätzen zur Hege und Bejagung des Wildes sowie die Mitwirkung bei der Abschussplanung nach § 26a des Hessischen Jagdgesetzes,
3. das Hinwirken auf die Erfüllung der Abschusspläne und eine den wildbiologischen Erfordernissen entsprechende Hege und Bejagung des Schwarzwildes unter Beachtung der landwirtschaftlichen Belange,
4. die Sicherung an den Lebensraum angepasster Wildbestände,
5. die Prüfung der zum Einsatz kommenden Totfanggeräte nach § 39 Abs. 4 Satz 1,
6. die Erarbeitung eines Fütterungskonzeptes für amtlich festgestellte Notzeiten nach § 30 Abs. 5 des Hessischen Jagdgesetzes und § 50,
7. das Hinwirken auf die Durchführung revierübergreifender Jagden.

§ 36 Zuschuss aus der Jagdabgabe
Im Rahmen der verfügbaren Mittel aus der Jagdabgabe kann den Hegegemeinschaften für die Erfüllung ihrer Aufgaben ein Zuschuss gewährt werden.

Sechster Teil
Voraussetzungen für die Fanggeräte und die Ausübung der Fangjagd

§ 37 Totfanggeräte
(1) Als Totfanggeräte dürfen nur Bügelfangeisen mit zwei Halbrundbügeln und einer oder zwei Spannfedern (so genannte „Schwanenhälse" oder „Eiabzugseisen") verwendet werden, die
1. ausschließlich über einen Köderabzug ausgelöst werden,
2. in geschlossenen Räumen, Fangbunkern oder Fanggärten so aufgestellt werden,

dass von ihnen keine Gefahr für Menschen ausgeht, wozu der Einschlupf der Fangbunker mit einer Eingriffssicherung und der Auslösemechanismus des Fanggerätes mit einer Selbstauslösung, die beim Öffnen des Fangbunkers das Fanggerät auslöst, versehen sein muss,
3. dauerhaft und unverwechselbar gekennzeichnet sind, so dass sie jederzeit der Eigentümerin oder dem Eigentümer zugeordnet werden können,
4. folgende Mindestklemmkräfte erreichen:

Nr.	Bügelweite in Zentimeter Nennbügeldurchmesser (Toleranz +/- 10%)	Mindestklemmkräfte in Newton
1	37	150
2	46	175
3	56	200
4	60	200
5	70	300

(2) Jeder Einsatz von Totfanggeräten bedarf der Anzeige bei der Jagdbehörde.
(3) Über das Verbot des § 19 Abs. 1 Nr. 9 des Bundesjagdgesetzes hinaus sind die folgenden Fallen verboten:
1. Knüppelfallen einschließlich Prügel- und Rasenfallen,
2. Marderschlagbäume,
3. Scherenfallen,
4. Drahtbügelschlagfallen einschließlich Fallen nach Conibear-Bauart,
5. Totschlagfallen aller Art, die durch Tritt, Druck oder Berührung ausgelöst werden.

§ 38 Lebendfanggeräte
(1) Als Lebendfanggerät dürfen nur Kasten- und Röhrenfallen, die folgende Mindestmaße aufweisen, verwendet werden:

Nr.	Tierarten	Länge in Zentimeter	Breite und Höhe in Zentimeter	Durchmesser in Zentimeter
1	Dachs, Fuchs, Marderhund, Nutria und Waschbär	130	25	25
2	Mink, Steinmarder und Wildkaninchen	100	15	15

(2) Der Einsatz von Lebendfanggeräten ist zulässig, soweit deren Ausstattung und Verwendung gewährleisten, dass Tiere unversehrt lebend gefangen werden und dem gefangenen Tier die Sicht nach Außen verwehrt wird.
(3) Über das Verbot des § 19 Abs. 1 Nr. 9 des Bundesjagdgesetzes hinaus sind alle Wieselwippbrettfallen verboten.

§ 39 Fangmethoden
(1) Totfanggeräte und beköderte Lebendfanggeräte sind beim Einsatz so zu verbergen oder zu konstruieren, dass die Köder nicht sichtbar sind und der Fang von auf Sicht jagenden Beutegreifern ausgeschlossen ist.
(2) Fängisch gestellte Fanggeräte sind mindestens zweimal täglich, davon einmal innerhalb von zwei Stunden nach Sonnenaufgang, zu kontrollieren. Fängisch gestellte Fanggeräte, die mit ei-

nem elektronischen Fangmelder versehen sind, sind mindestens einmal täglich innerhalb von zwei Stunden nach Sonnenaufgang zu kontrollieren.
(3) Lebend gefangenes Wild darf ausschließlich mit Schusswaffen getötet werden.
(4) Vor Beginn der Fangsaison sind die zum Einsatz kommenden Totfanggeräte von Beauftragten der Hegegemeinschaft nach § 30 Abs. 1 mit geeigneten Prüfgeräten auf ihre Klemmkräfte zu überprüfen. Totfanggeräte, die durch Schmutz oder Korrosion, Deformierung der Fangbügel, Farbe oder Konservierungsmittel beeinträchtigt oder beschädigt sind, dürfen bei der Fangjagd nicht mehr zum Einsatz kommen

§ 40 Lehrgänge
(1) In den Ausbildungslehrgängen nach § 19 Abs. 2 des Hessischen Jagdgesetzes müssen die erforderlichen Kenntnisse und Fertigkeiten zum rechtmäßigen Fang von Tieren, die dem Jagdrecht unterliegen, sowie deren artspezifischen Verhaltens- und Lebensweisen vermittelt werden.
(2) Auf Antrag erkennt die oberste Jagdbehörde Ausbildungslehrgänge für die Fangjagd nach § 19 Abs. 2 des Hessischen Jagdgesetzes an. Mit der Antragsstellung ist ein Ausbildungsrahmenplan vorzulegen. Die Anerkennung ist auf fünf Jahre zu befristen. Der Ausbildungsrahmenplan ist von dem Veranstalter stets zu aktualisieren und an die geltende Rechtslage anzupassen.
(3) Einer Teilnahme an einem anerkannten Lehrgang steht gleich, eine erfolgreich abgeschlossene Ausbildung
    1.   für den gehobenen oder höheren forstwirtschaftlich-technischen Dienst,
    2.   zur Revierjägerin oder zum Revierjäger,
    3.   als Jagdaufseherin oder Jagdaufseher.

Siebter Teil
Aufgabenübertragung auf die Vereinigung der Jägerinnen und Jäger

§ 41 Aufgabenübertragung
Den Vereinigungen der Jägerinnen und Jäger, denen als eingetragene Vereine oder als Dachverbände selbstständiger eingetragener Vereine mehr als ein Drittel der Jagdscheininhaberinnen und Jagdscheininhaber des Landes angehören, werden folgende Aufgaben übertragen:
    1.   die Aus- und Fortbildung der Jägerschaft,
    2.   die Ausbildung und Prüfung von Jagdaufseherinnen und Jagdaufsehern nach einer von der obersten Jagdbehörde anerkannten Prüfungsordnung,
    3.   die Durchführung von anerkannten Ausbildungslehrgängen für die Ausübung der Jagd mit Fanggeräten nach § 19 Abs. 2 des Hessischen Jagdgesetzes und
    4.   die Ausbildung und Prüfung brauchbarer Jagdhunde nach einer von der obersten Jagdbehörde anerkannten Brauchbarkeitsprüfungsordnung.

Achter Teil
Zusammensetzung der Jagdbeiräte und des Landesjagdbeirates

§ 42 Jagdbeirat
(1) Die Jagdbeiräte bei den Jagdbehörden setzen sich zusammen aus
    1.   je zwei Mitgliedern zur Vertretung der Belange
        a)   der Jägerschaft und
        b)   der Forstämter,
    2.   je einem Mitglied zur Vertretung der Belange
        a)   der Landwirtschaft,

  b) der Forstwirtschaft,
  c) der Jagdgenossenschaften oder privaten Eigenjagdbesitzer und
  d) des Naturschutzes und
 3. dem Jagdberater der unteren Jagdbehörde.
(2) Der Jagdbeirat wählt eines der Mitglieder nach Abs. 1 Nr. 1 Buchst. a als vorsitzendes Mitglied und aus der Mitte aller Mitglieder dessen Stellvertreterin oder Stellvertreter.
(3) Die Mitglieder des Jagdbeirates werden für die Dauer von fünf Jahren durch die Jagdbehörde berufen. Für jedes Mitglied ist ein stellvertretendes Mitglied zu berufen.
(4) Scheidet ein Mitglied vor Ablauf der Amtszeit aus, wird ein nachfolgendes Mitglied für die restliche Dauer der Amtszeit berufen.
(5) Bei Abstimmungen entscheidet die Stimmenmehrheit. Bei Stimmengleichheit entscheidet die Stimme des vorsitzenden Mitglieds.
(6) Die Jagdbehörde soll den Jagdbeirat mindestens einmal im Jahr einberufen.
(7) Die Mitglieder der Jagdbeiräte sind ehrenamtlich tätig. Das Land Hessen erstattet den Mitgliedern für diese Tätigkeit keine Kosten.

§ 43 Landesjagdbeirat
(1) Der Landesjagdbeirat setzt sich zusammen aus
 1. jeweils einem Mitglied zur Vertretung der Belange
  a) der obersten Jagdbehörde; ihm obliegt der Vorsitz,
  b) der Landwirtschaft auf Vorschlag des Hessischen Bauernverbandes,
  c) der kommunalen und privaten Waldbesitzer auf Vorschlag des Hessischen Waldbesitzerverbandes,
  d) der Landesforstverwaltung,
  e) der Jagdgenossenschaften oder Eigenjagdbesitzer, welches vom Verband der Jagdgenossenschaften und Eigenjagdbesitzer im Benehmen mit den Spitzenverbänden kreisangehöriger Gemeinden vorgeschlagen wird,
 2. jeweils zwei Mitgliedern zur Vertretung der Belange
  a) der Jägerschaft auf Vorschlag der Vereinigungen der Jägerinnen und Jäger nach § 41,
  b) des ehrenamtlichen Naturschutzes auf Vorschlag der in Hessen nach § 3 des Umwelt-Rechtsbehelfsgesetzes in der Fassung vom 8. April 2013 (BGBl. I. S. 753), zuletzt geändert durch Gesetz vom 20. November 2015 (BGBl. I S. 2069), anerkannten landesweit tätigen Naturschutzvereinigungen,
 3. dem Jagdberater der oberen Jagdbehörde und
 4. einem Vertreter der Wissenschaft mit ausgewiesener Forschungsaktivität auf dem Gebiet der Wildbiologie und Jagdkunde.
Solange von den Verbänden nach Aufforderung durch die oberste Jagdbehörde keine Vorschläge unterbreitet werden, bleibt der Sitz frei.
(2) Die Mitglieder des Landesjagdbeirates werden von der obersten Jagdbehörde für die Dauer von fünf Jahren berufen. Für jedes Mitglied ist ein stellvertretendes Mitglied zu berufen.
(3) Scheidet ein Mitglied vor Ablauf der Amtszeit aus oder erfolgt nachträglich ein Vorschlag für einen noch freien Sitz nach Abs. 1 Satz 2, erfolgt die Berufung für die restliche Dauer der Amtszeit.
(4) Die Mitglieder des Landesjagdbeirates sind ehrenamtlich tätig. Das Land Hessen erstattet den Mitgliedern für diese Tätigkeit keine Kosten.

Neunter Teil
Wildfütterung und Kirrung

§ 44 Raufutter für wiederkäuendes Schalenwild
Als artgerechtes, zulässiges Raufutter nach § 30 Abs. 4 des Hessischen Jagdgesetzes sind ausschließlich Heu und reine Grassilage in der natürlichen Rohfaserzusammensetzung gestattet. Futtermittel, wie Pellets, Heu-Pellets, Presslinge, die durch eine industrielle Aufbereitung ihre natürliche Rohfaserzusammensetzung verloren haben, dürfen nicht ausgebracht werden.

§ 45 Feststellung einer Notzeit
(1) Der Antrag des Kreisjagdberaters nach § 30 Abs. 5 Satz 2 des Hessischen Jagdgesetzes kann formlos erfolgen.
(2) Die Jagdbehörde prüft einvernehmlich mit der unteren Veterinärbehörde, ob die bestehende Witterungslage eine Notzeit nach § 46 oder § 48 in dem vom Kreisjagdberater benannten Gebiet begründet.
(3) Bei der Feststellung einer Notzeit nach § 30 Abs. 5 Satz 1 des Hessischen Jagdgesetzes soll die räumliche Abgrenzung in der Regel im Anhalt an die Höhenlage erfolgen. Bei der Feststellung einer Notzeit für Teile eines Landkreises oder einer kreisfreien Stadt, sind Jagdbezirke nur als Ganzes zu berücksichtigen.
(4) Die Feststellung einer Notzeit erfolgt durch die Jagdbehörde für den Landkreis oder die kreisfreie Stadt oder Teile davon und ist den betroffenen Jagdausübungsberechtigten bekanntzugeben.
(5) Die Feststellung einer Notzeit ist aufzuheben, sobald zwischen dem Nahrungsbedarf und dem natürlichen Äsungsangebot kein Defizit mehr besteht.
(6) In den Fällen des § 46 Nr. 1 und 2 endet die für wiederkäuendes Schalenwild festgestellte Notzeit in Höhenlagen bis 500 Meter über Normalnull am 31. März und in Höhenlagen über 500 Meter über Normalnull am 30. April.
(7) Wird eine Notzeit für Schwarzwild festgestellt, ist zugleich über die Art der Futtermittel und die Ausbringungsform zu entscheiden. Liegt zum Zeitpunkt der Feststellung einer Notzeit für wiederkäuendes Schalenwild hinsichtlich einer betroffenen Hegegemeinschaft kein oder nur ein unzureichendes Fütterungskonzept nach § 30 Abs. 5 Satz 5 des Hessischen Jagdgesetzes vor, bestimmt die Jagdbehörde im Einvernehmen mit der unteren Veterinärbehörde die Rahmenbedingungen der durchzuführenden Notzeitfütterung für das Gebiet dieser Hegegemeinschaft.

§ 46 Notzeit für wiederkäuendes Schalenwild
Eine Notzeit für wiederkäuendes Schalenwild nach § 30 Abs. 5 Satz 3 des Hessischen Jagdgesetzes, welche eine Zufütterung von Saftfutter notwendig macht, kann vorliegen
1. bei einer geschlossenen Schneedecke von mehr als 60 Zentimeter über einen Zeitraum von mehr als drei Wochen,
2. bei einer geschlossenen Schneedecke von mehr als 30 Zentimeter mit stark ausgeprägter, flächendeckender Harschschneebildung oder starker Vereisung über einen Zeitraum von mehr als zwei Wochen,
3. bei Dürreperioden von mehr als acht Wochen, insbesondere in den Monaten Februar bis Mai oder
4. wenn eine größere Fläche von Überschwemmungen oder Waldbränden betroffen ist.

§ 47 Futtermittel für wiederkäuendes Schalenwild während der Notzeit
(1) Saftfutter nach § 30 Abs. 5 Satz 1 des Hessischen Jagdgesetzes, mit dem während einer festgestellten Notzeit wiederkäuendes Schalenwild zugefüttert werden darf, sind
1. Futterrüben und Mohrrüben, jedoch keine Rübenschnitzel,

2. Grassilagen, bis zu 30 Prozent gemischt mit Obsttrestersilagen und
3. Früchte heimischer Waldbäume.

Verboten ist das Ausbringen von Zuckerrüben und Pastinaken.
(2) Saftfutter nach Abs. 1 Satz 1 darf ausschließlich in Kombination mit dem in § 44 Satz 1 genannten Raufutter gefüttert werden. In Hochwildgebieten sind das Saft- und Raufutter in einem Gewichtsverhältnis von circa 40 : 60 auszubringen.
(3) Während einer Fütterungsperiode ist dafür Sorge zu tragen, dass die Zusammensetzung und die angebotene Menge der Futtervorlage nicht wesentlich verändert wird.
(4) Zur Erhaltung der Qualität der Futtermittel, darf an jeder Futterstelle nur so viel Futter ausgebracht sein, wie innerhalb einer Woche durch die Wildtiere aufgenommen wird. Die Futtermenge ist bei nicht vollständiger Aufnahme und zu Beginn der Vegetationszeit entsprechend anzupassen.

§ 48 Notzeit für Schwarzwild
Eine Notzeit für Schwarzwild nach § 30 Abs. 6 Satz 2 in Verbindung mit Abs. 5 Satz 3 des Hessischen Jagdgesetzes kann vorliegen
1. bei einer geschlossenen Schneedecke von mehr als 60 Zentimeter über einen Zeitraum von mehr als drei Wochen,
2. bei einer geschlossenen Schneedecke von mehr als 30 Zentimeter mit stark ausgeprägter, flächendeckender Harschschneebildung oder starker Vereisung über einen Zeitraum von mehr als zwei Wochen,
3. bei Frostperioden mit Durchschnittstemperaturen unter -10 Grad Celcius über einen Zeitraum von mehr als vier Wochen oder
4. wenn eine größere Fläche von Überschwemmungen oder Waldbränden betroffen ist.

§ 49 Futtermittel für Schwarzwild während der Notzeit
Während einer festgestellten Notzeit darf Schwarzwild nur mit folgendem unverarbeitetem Saft- und Kraftfutter gefüttert werden:
1. heimisches Getreide, insbesondere Hafer, Gerste, Weizen, Roggen, Triticale, Dinkel,
2. Erbsen,
3. Früchte heimischer Waldbäume.

Verboten ist das Ausbringen von nicht heimischen Früchten, Back- und Süßwaren, Küchenabfällen, bearbeiteten Lebensmitteln, Schlachtabfällen.

§ 50 Fütterungskonzept der Hegegemeinschaft
(1) Im Fütterungskonzept nach § 30 Abs. 5 Satz 5, auch in Verbindung mit Abs. 6 Satz 2, des Hessischen Jagdgesetzes sind Festlegungen zu treffen über
1. das auszubringende Futter nach den §§ 47 und 49,
2. die Anzahl und den Ort der Fütterungen sowie die jeweilige Futtermenge je Tag und Woche für wiederkäuendes Schalenwild und Schwarzwild,
3. die Organisation der Beschickung und Pflege der Futterstellen,
4. das Tragen der durch die Fütterung entstehenden Kosten.

Die Fütterungsstellen sind in einer Karte festzuhalten.
(2) In Hochwildgebieten ist von der Hochwildhegegemeinschaft und den auf der selben Fläche wirkenden Niederwildhegegemeinschaften ein gemeinsames Fütterungskonzept auszuarbeiten. Dieses Fütterungskonzept hat sich insbesondere an den Ruhebedürfnissen des Hochwildes auszurichten.
(3) Das Fütterungskonzept ist einstimmig in der Hegegemeinschaft zu beschließen.

§ 51 Schwarzwild-Kirrungen
(1) In der Anzeige nach § 30 Abs. 8 Satz 1 des Hessischen Jagdgesetzes sind die Anzahl der Kirrungen im Jagdbezirk und die Art der Futtermittelausbringung anzugeben. Der Anzeige ist eine Karte im Maßstab 1 : 5 000 beizufügen, in der die Kirrstellen, gegebenenfalls mit den Koordinaten des Globalen Positionsbestimmungssystems, vermerkt sind.
(2) Das Anlegen weiterer Kirrstellen über die nach § 30 Abs. 8 des Hessischen Jagdgesetzes zulässige Anzahl von Kirrstellen je Jagdbezirk mit wechselseitiger Beschickung ist nicht gestattet.

Zehnter Teil
Ordnungswidrigkeiten, Schlussvorschriften

§ 52 Ordnungswidrigkeiten
Ordnungswidrig im Sinne des § 42 Abs. 1 Nr. 17 des Hessischen Jagdgesetzes handelt, wer vorsätzlich oder fahrlässig entgegen
1. § 37 Abs. 1 ein Totfanggerät verwendet, das die dort genannten Voraussetzungen nicht erfüllt,
2. § 37 Abs. 2 ein Totfanggerät ohne Anzeige einsetzt,
3. § 37 Abs. 3 eine verbotene Falle einsetzt,
4. § 38 Abs. 1 ein Lebendfanggerät verwendet, das die dort genannten Voraussetzungen nicht erfüllt,
5. § 38 Abs. 2 ein Lebendfanggerät einsetzt, das die dort genannten Anforderungen nicht erfüllt,
6. § 38 Abs. 3 eine verbotene Falle einsetzt,
7. § 39 Abs. 1 den Köder in einem Totfanggerät nicht verbirgt,
8. § 39 Abs. 2 ein fängisch gestelltes Fanggerät nicht entsprechend kontrolliert,
9. § 39 Abs. 3 lebend gefangenes Wild anders als mit Schusswaffen tötet,
10. § 39 Abs. 4 ein Totfanggerät verwendet, das beeinträchtigt oder beschädigt ist,
11. § 44 Satz 1, § 47 Abs. 1 und 2 oder § 49 Wildtiere füttert,
12. § 51 Abs. 1 die Kirrungen in seinem Jagdbezirk nicht ordnungsgemäß meldet,
13. § 51 Abs. 2 Schwarzwild kirrt.

§ 53 Aufhebung bisherigen Rechts
[…]

§ 54 Inkrafttreten, Außerkrafttreten
Diese Verordnung tritt am Tage nach der Verkündung in Kraft. Abweichend von Satz 1 treten
1. die §§ 1 bis 3 und § 53 Nr. 1 am 1. April 2016 und
2. die §§ 4 bis 29 am 1. April 2017 in Kraft.

Diese Verordnung tritt mit Ablauf des 31. Dezember 2020 außer Kraft.

Richtlinie für die Hege und Bejagung des Schalenwildes in Hessen

1. Grundsätze der Hege und Bejagung

Ziel der Hege und Bejagung des Schalenwildes ist die Erhaltung gesunder, altersklassenmäßig ausgewogener und den Möglichkeiten und Grenzen des Naturraums angepasster Wildbestände, wobei ein verträgliches Miteinander von Flur, Wald und Wild angestrebt wird und ein entsprechend wirkender Interessensausgleich stattfindet. Bei der Hege sind die Lebensbedürfnisse der jeweiligen Wildart zu berücksichtigen. Dies beinhaltet auch die Aufgabe, für ausreichende natürliche Äsung, vor allem in Nähe der Wildeinstände zu sorgen, angepasste Bejagungsmethoden anzuwenden sowie ggf. notwendige Ruhezonen zu schaffen.

Im Rahmen der Möglichkeiten zur Verbesserung der Lebensraumverhältnisse kommt der Bereitstellung zusätzlicher Äsungsflächen, ggf. auch unterstützt durch waldbauliche Maßnahmen, besondere Bedeutung zu. Für qualifizierte Äsungsflächen sollten wenigstens 0,5 % der jeweiligen Jagdbezirksfläche zur Verfügung gestellt werden.

Wichtige Grundlagen und Weiser für eine dem Lebensraum angepasste Zahl des Schalenwildes sind

- das Lebensraumgutachten der Hegegemeinschaft (Zustandsbeschreibung),
- die forstlichen Gutachten über Schäl-und Verbiss-Schäden,
- die Wildschäden außerhalb des Waldes oder in besonders geschützten Gebieten,
- die Zeitreihen der Strecken nach Zahl und Zusammensetzung,
- die Einschätzung des Frühjahrswildbestandes (ausgenommen Reh-und Schwarzwild).

Dazu dient insbesondere die Rückrechnung über den ausgeschiedenen Bestand mit möglichst genauer Altersschätzung aller erlegten Stücke (die zu unterstellenden Zuwachsprozente sind in den nachfolgenden Abschnitten genannt).

Die nachfolgenden Richtlinien stellen einen Rahmen dar, innerhalb dessen die Hegegemeinschaft für das abgegrenzte Gebiet Grundsätze für die Hege und Bejagung des Wildes beschließt. Die Überschreitung der Rahmenvorgaben bedarf der Genehmigung durch die oberste Jagdbehörde. Werden für einzelne Gebiete keine besonderen Bejagungsrichtlinien in Kraft gesetzt, gilt diese Rahmenrichtlinie.

Die Abschussrichtlinien für die einzelnen Schalenwildarten geben den Hegegemeinschaften sowie den Jägerinnen und Jägern eine hohe Eigenverantwortung. Übergeordnet ist jedoch ein den jeweiligen Erfordernissen entsprechendes „Wildtiermanagement". Hierzu zählen insbesondere die Schaffung bzw. Erhaltung einer ausgewogenen Sozial-und Altersstruktur bei den Wildarten. Grundsätzlich ist ein Geschlechterverhältnis von 1:1 anzustreben. Im Hinblick auf eine intakte Sozial-und Altersstruktur ist auch auf einen ausreichend hohen Anteil alter Stücke zu achten. Ist dieser Anteil nicht ausreichend, ist die notwendige Abschussreduzierung in der Altersklasse durch entsprechend stärkere Eingriffe in der Jugendklasse auszugleichen. Eine solche phasenweise Abweichung von den nachstehenden Streckenanteilen bedarf nicht der oben genannten Genehmigung.

Zuständig für die Ahndung von Fehlabschüssen sind die unteren Jagdbehörden. Es wird empfohlen, diesbezügliche grundsätzliche Festlegungen nach Anhörung der jeweiligen Hegegemeinschaft und des Sachkundigen zu treffen. Sind mehrere untere Jagdbehörden für eine Hegegemeinschaft zuständig, sollten diese Festlegungen einheitlich erfolgen.

2. Hochwild

Rot-, Dam-und Muffelwild werden innerhalb der für die betreffenden Wildarten abgegrenzten Gebiete bzw. Bezirke gehegt und dort sowie außerhalb dieser Gebiete bejagt. In den Gebieten sind durch geeignete Hegemaßnahmen entsprechend verteilte, dem Naturraum angepasste Bestände der jeweiligen Wildart zu erhalten. Sofern erforderlich, sind zur Förderung einer gleichmäßigeren Verteilung -zumindest zeitweise -unterschiedliche Abschussrichtlinien innerhalb eines Gebietes möglich.

Den artspezifischen Bedürfnissen der Wildarten ist durch die Hegemaßnahmen - soweit möglich - Rechnung zu tragen.

Durch Weiser (forstliche Gutachten) erhärtete, nicht tragbare Wildschäden in den Gebieten erfordern jedoch in der Regel eine Verringerung des betreffenden Wildbestandes, aber auch flankierende Maßnahmen zur Lebensraumverbesserung.

Die Anpassung des Wildbestandes ist zielstrebig zu verwirklichen. Sind nach einem vertretbaren Zeitraum weiterhin nicht tragbare Schäden festzustellen, ist entweder über das Verbleiben der betreffenden Wildart in diesem Lebensraum, eine Neuabgrenzung des Gebietes oder weitere Möglichkeiten zur Minderung der Schäden zu entscheiden.

Die Außengrenzen der festgelegten Hochwildgebiete werden von der oberen Jagdbehörde in regelmäßigen Abständen überprüft. Notwendige Korrekturen ergeben sich ggf. auch dann, wenn dauerhafte Verschiebungen in der Nutzung der Lebensräume durch die jeweiligen Hochwildarten eingetreten sind und / oder in bestimmten Jagdbezirken über einen längeren Zeitraum das betreffende Hochwild nicht mehr vorkommt. Gebietszerschneidungen durch Straßenbaumaßnahmen oder sonstige Eingriffe in die Landschaft können ebenfalls eine Korrektur der Abgrenzung erfordern. Hierbei ist darauf zu achten, dass die Außengrenzen den Landschaftsstrukturen angepasst bleiben bzw. werden. Bei Änderungen der Gebietsabgrenzungen ist von der oberen Jagdbehörde grundsätzlich eine Prüfung aus forstwirtschaftlicher, ökologischer und wildbiologischer Sicht unter Beteiligung der Inhaber des Jagdrechts, der jeweiligen Hegegemeinschaft und Sachkundigen vorzunehmen. Vor der Auflösung von Hochwildgebieten ist die oberste Jagdbehörde zu beteiligen.

2.1 Rotwild

2.1.1 Definitionen

Kalb (Hirschkalb -männlich, Wildkalb -weiblich):
Bezeichnung für ein Stück Rotwild bis einschließlich 31. März des auf die Geburt folgenden Jahres.
Schmaltier (weiblich), **Schmalspießer** (männlich):
Bezeichnung für ein Stück Rotwild vom 1. April des auf die Geburt folgenden Jahres bis einschließlich 31. März des auf die Geburt folgenden zweiten Jahres.
Alttier (weiblich), **mehrjähriger Hirsch**:
Bezeichnung für ein Stück Rotwild ab dem 1. April des auf die Geburt folgenden 2. Jahres.
Zuwachs:
Als Richtwert für den Zuwachs werden 85 % der am 1. April vorhandenen Alttiere angenommen.

2.1.2 Abschussrichtlinien

Geschlecht	Bezeichnung/ Altersstufe	Klasse	Anteil am Abschuss in Prozent (%)	Bemerkungen
Weibliches Rotwild *)	Wildkälber		~50%	Statt eines freigegebenen weiblichen Stückes kann ein anderes abschussnotwendiges Stück einer niedrigeren Altersstufe einschließlich Hirschkalb erlegt werden.
	Schmaltiere		5-15%	
	Alttiere		30-40%	
Männliches Rotwild	Hirschkälber		~50%	Stattdessen kann auch ein Wildkalb erlegt werden.
	Schmalspießer – 4-jährige Hirsche ****)	Klasse III	35-45%	Es sollen vor allem Hirsche mit unterdurchschnittlicher körperlicher Entwicklung bis zum geraden Achter, ggf. Eissprossenzehner **) erlegt werden. Hirsche mit besserer Körper-und Geweihentwicklung sollen nicht planmäßig entnommen werden.
	5–9-jährige Hirsche ****)	Klasse II	Keine planmäßige Entnahme	
	Ab 10-jährige Hirsche ****)	Klasse I	5-15%	Hirsche mit über 4.500 g Geweihgewicht **) ***). Statt eines Hirsches der Klasse I kann ein Hirsch der Klasse III erlegt werden.

*) Maßgebliches Kriterium für die Abschussnotwendigkeit des weiblichen Wildes ist dessen körperliche Verfassung.
**) Abweichende Regelungen sind auf Beschluss der Hegegemeinschaft möglich.
***) Das Geweihgewicht wird einschließlich Schädel mit Oberkiefer, abgekocht und trocken, in Gramm ermittelt. Für den Oberkiefer sind je nach Gewicht des Geweihs die nachstehenden Abzüge vorzunehmen: Bis 2.000 g = 450 g Abzug, von 2.001 g bis 4.000 g = 500 g Abzug, über 4.000 g = 600 g Abzug. Drei und mehr Enden über der Mittelsprosse bilden eine Krone. Enden unter 5 cm werden als solche nicht berücksichtigt.
****) Hirsche jeden Alters mit abnormer Geweihbildung (keine Stangenbrüche) bzw. Mönche oder Hirsche ab 10 Jahren unter der Geweihgewichtsgrenze können im Rahmen der Freigabe von Hirschen der Klasse III erlegt werden.

2.2 Damwild

2.2.1 Definitionen

Kalb (Hirschkalb -männlich, Wildkalb -weiblich):
Bezeichnung für ein Stück Damwild bis einschließlich 31. März des auf die Geburt folgenden Jahres.
Schmaltier (weiblich), **Schmalspießer** (männlich):
Bezeichnung für ein Stück Damwild vom 1. April des auf die Geburt folgenden Jahres bis einschließlich 31. März des auf die Geburt folgenden zweiten Jahres.
Alttier (weiblich), **mehrjähriger Hirsch**:
Bezeichnung für ein Stück Damwild ab dem 1. April des auf die Geburt folgenden 2. Jahres.
Zuwachs:
Als Richtwert für den Zuwachs werden 90 % der am 1. April vorhandenen Alttiere angenommen.

2.2.2 Abschussrichtlinien

Geschlecht	Bezeichnung/ Altersstufe	Klasse	Anteil am Abschuss in Prozent (%)	Bemerkungen
Weibliches Damwild *)	Wildkälber		~50%	Statt eines freigegebenen weiblichen Stückes kann ein anderes abschussnotwendiges Stück einer niedrigeren Altersstufe einschließlich Hirschkalb erlegt werden.
	Schmaltiere		5-15%	
	Alttiere		30-40%	
Männliches Damwild	Hirschkälber		~50%	Stattdessen kann auch ein Wildkalb erlegt werden.
	Schmalspießer – 4-jährige Hirsche	Klasse III	35-45%	Entnahme von Hirschen, die dem Hegeziel nicht entsprechen.
	5–7-jährige Hirsche	Klasse II **)	0-5%	Entnahme von Hirschen, die dem Hegeziel nicht entsprechen.
	Ab 8-jährige Hirsche	Klasse I **)	5-15%	

*) Maßgebliches Kriterium für die Abschussnotwendigkeit des weiblichen Wildes ist dessen körperliche Verfassung.
**) Statt eines freigegebenen Hirsches kann ein abschussnotwendiges männliches Stück einer niedrigeren Altersstufe erlegt werden.

2.3 Muffelwild

2.3.1 Definitionen

Lamm (Widderlamm -männlich, Schaflamm -weiblich):
Bezeichnung für ein Stück Muffelwild bis einschließlich 31. März des auf die Geburt folgenden Jahres.
Schmalschaf (weiblich), **einjähriger Widder beziehungsweise Jährlingswidder** (männlich):
Bezeichnung für ein Stück Muffelwild vom 1. April des auf die Geburt folgenden Jahres bis einschließlich 31. März des auf die Geburt folgenden zweiten Jahres.
Schaf (weiblich), **mehrjähriger Widder**:
Bezeichnung für ein Stück Muffelwild ab dem 1. April des auf die Geburt folgenden 2. Jahres.
Zuwachs:
Als Richtwert für den Zuwachs werden 70 -75 % der am 1. April vorhandenen Schafe angenommen.

2.3.2 Abschussrichtlinien

Geschlecht	Bezeichnung/ Altersstufe	Klasse	Anteil am Abschuss in Prozent (%)	Bemerkungen
Weibliches Muffelwild *)	Schaflämmer		~50%	Statt eines freigegebenen weiblichen Stückes kann ein anderes abschussnotwendiges Stück einer niedrigeren Altersstufe einschließlich Widderlamm erlegt werden.
	Schmalschafe		5-15%	
	Schafe		30-40%	
Männliches Muffelwild	Widderlämmer und 1-jährige Widder		~50%	Statt eines freigegebenen Widderlamms kann ein Schaflamm erlegt werden.
	2–5-jährige Widder	C	0–5%	Widder der Klasse C entsprechen dem Hegeziel und sind i.d.R. zu schonen, allenfalls mäßig zu bejagen.
	Ab 2-jährige Widder	B	40–50%	Widder der Klasse B sind mit Merkmalen behaftet, die dem Hegeziel nicht entsprechen (Schalenauswüchse, Einwachser, Scheurer usw.) und daher abschussnotwendig.
	Ab 6-jährige Widder	A		Statt eines Widders der Kasse A kann ein abschussnotwendiges männliches Stück einer niedrigeren Altersstufe erlegt werden.

*) Maßgebliches Kriterium für die Abschussnotwendigkeit des weiblichen Wildes ist dessen körperliche Verfassung.

2.4 Sikawild

Wegen seines geringen Vorkommens sind für die Hege und Bejagung von Sikawild keine Richtlinie erlassen und keine Gebiete abgegrenzt worden.

2.5 Schwarzwild

2.5.1 Definitionen

Bei der Bezeichnung des Schwarzwildes ist das tatsächliche, biologische Lebensalter zugrunde zu legen. Bei dessen Bestimmung kommt dem Zahnwechsel bzw. der Entwicklung des Gebisses ausschlaggebende Bedeutung zu. Es sind folgende Bezeichnungen anzuwenden:

- Im ersten Lebensjahr:
  Frischling (*Frischlingskeiler* -männlich, *Frischlingsbache* -weiblich).
- Im zweiten Lebensjahr:
  Überläufer (*Überläuferkeiler* -männlich, *Überläuferbache* – weiblich).
- Ab dem dritten Lebensjahr:
  Keiler (männlich), *Bache* (weiblich).

2.5.2 Abschussempfehlungen

In weiten Teilen weisen die Schwarzwildbestände eine gestörte Sozial-und Altersstruktur auf. Dies betrifft vor allem das Fehlen einer ausreichenden Zahl älterer Bachen und Keiler. Intakte Sozial-und Altersstrukturen beim Schwarzwild stellen nicht nur eine nachhaltige Zahl reifer Keiler sicher, sondern fördern auch artgerechte Rottenstrukturen mit älteren Bachen.

Bei der Schwarzwildbewirtschaftung sollte folgende Abschussgliederung angestrebt werden:

Frischlinge	mindestens	70 Prozent,
Überläufer	ca.	20 Prozent,
Keiler, Bachen	höchstens	10 Prozent.

Das Ziel einer ausgewogenen Sozial-und Altersstruktur dient letztlich auch der Vermeidung von Wildschäden. Den berechtigten Ansprüchen insbesondere der Landwirtschaft muss Rechnung getragen werden. Dies ist vor allem durch eine entsprechende Frischlingsbejagung möglich und sicherzustellen.

3. Rehwild

3.1 Definitionen

Kitz (Bockkitz -männlich, Rickenkitz -weiblich):
Bezeichnung für ein Stück Rehwild bis einschließlich 31. März des auf die Geburt folgenden Jahres.
Schmalreh (weiblich), **Jährlingsbock** (männlich):
Bezeichnung für ein Stück Rehwild vom 1. April des auf die Geburt folgenden Jahres bis einschließlich 31. März des auf die Geburt folgenden zweiten Jahres.
Ricke (weiblich), **mehrjähriger Bock**:
Bezeichnung für ein Stück Rehwild ab dem 1. April des auf die Geburt folgenden 2. Jahres.

3.2 Abschussrichtlinien

Geschlecht	Bezeichnung/ Altersstufe	Anteil am Abschuss in Prozent (%)	Bemerkungen
Weibliches Rehwild *)	Kitze **)	~60-65%	Statt eines freigegebenen weiblichen Stückes kann ein anderes abschussnotwendiges weibliches Stück einer niedrigeren Altersstufe erlegt werden.
	Schmalrehe		
	Ricken	~35-40%	
Männliches Rehwild	Kitze **)	~60-65%	Statt eines freigegebenen mehrjährigen Bockes kann ein anderes abschussnotwendiges männliches Stück einer niedrigeren Altersstufe erlegt werden. In der Altersklasse sollte auf einen möglichst hohen Streckenanteil alter Böcke geachtet werden.
	Jährlinge		
	2-jährige u. ältere Böcke	~35-40%	

*) Maßgebliches Kriterium für die Abschussnotwendigkeit des weiblichen Wildes ist dessen körperliche Verfassung.
**) Stattdessen kann auch ein Kitz des jeweils anderen Geschlechts erlegt werden.

4. In-Kraft-Treten / Außer-Kraft-Treten

Dieser Erlass tritt am Tage nach der Veröffentlichung in Kraft. Gleichzeitig tritt der Erlass vom 11. September 2000, VII J 40 -5127 (StAnz. 45/2000, S. 3633) außer Kraft.

Wiesbaden, 23. Dezember 2005

Hessisches Ministerium für Umwelt, ländlichen Raum und Verbraucherschutz
VI 3 – 008 – J 40 – 7/2005
- Gült.-Verz. 87 –
StAnz. 4/2006 S. 239

Unfallverhütungsvorschrift Jagd (VSG 4.4)

mit Durchführungsanweisungen
Stand 1. Januar 2000

§ 1 Grundsätze
Diese Unfallverhütungsvorschrift gilt für den Umgang mit Waffen und Munition sowie für die Ausübung der Jagd.

§ 2 Waffen und Munition
(1) Es dürfen nur Schusswaffen verwendet werden, die den Bestimmungen des Waffengesetzes entsprechen und nach dem Bundesjagdgesetz für jagdliche Zwecke zugelassen sind. Die Waffen müssen funktionssicher sein und dürfen nur bestimmungsgemäß verwendet werden.

Durchführungsanweisung zu Absatz 1
1. Eine Waffe ist z. B. funktionssicher, wenn sie zuverlässig gesichert werden kann, ihr Verschluss dicht ist und wenn sie keine Laufaufbauchungen, Laufdellen oder die Funktionssicherheit beeinträchtigende Rostnarben aufweist.
2. Keine bestimmungsgemäße Verwendung ist z. B. die Benutzung der Waffe zum
- Niederhalten von Zäunen beim Übersteigen,
- Aufstoßen von Hochsitzluken,
- Erschlagen des Wildes.
3. Auf die einschlägigen Bestimmungen
- des Waffengesetzes (WaffG),
- der Verordnungen zum Waffengesetz (WaffV),
- der Verwaltungsvorschrift zum Waffengesetz (WaffVwV),
- des Bundesjagdgesetzes (BJG)
wird hingewiesen.

(2) Es darf nur die für die jeweilige Schusswaffe bestimmte Munition in einwandfreiem Zustand verwendet werden.

Durchführungsanweisung zu Absatz 2
1. Hinweise auf die verwendbare Munition geben z. B. die Angaben auf der Schusswaffe.
2. In nicht einwandfreiem Zustand ist z. B. feucht gewordene Munition, selbst wenn sie getrocknet wurde.

(3) Auch nicht gewerbsmäßig hergestellte Munition muss den gesetzlichen Bestimmungen entsprechen.

Durchführungsanweisung zu Absatz 3
1. Hierzu gehört z. B. wieder geladene Munition.
2. Auf die einschlägigen Bestimmungen des Waffengesetzes und des Sprengstoffgesetzes wird hingewiesen.

(4) Flintenlaufgeschosspatronen müssen so mitgeführt werden, dass Verwechslungen mit Schrotpatronen ausgeschlossen sind.

§ 3 Ausübung der Jagd
(1) Schusswaffen dürfen nur während der tatsächlichen Jagdausübung geladen sein. Die Laufmündung ist stets - unabhängig vom Ladezustand - in eine Richtung zu halten, in der niemand gefährdet wird. Nach dem Laden ist die Waffe zu sichern.
(2) Eine gestochene Waffe ist sofort zu sichern und zu entstechen, falls der Schuss nicht abgegeben wurde.
(3) Beim Besteigen von Fahrzeugen und während der Fahrt muss die Schusswaffe entladen sein. Beim Besteigen oder Verlassen eines Hochsitzes, beim Überwinden von Hindernissen oder in ähnlichen Gefahrlagen müssen die Läufe (Patronenlager) entladen sein.
(4) Ein Schuss darf erst abgegeben werden, wenn sich der Schütze vergewissert hat, dass niemand gefährdet wird.

Durchführungsanweisung zu Absatz 4
Eine Gefährdung ist z. B. dann gegeben, wenn
- Personen durch Geschosse oder Geschossteile verletzt werden können, die an Steinen, gefrorenem Boden, Ästen, Wasserflächen oder am Wildkörper abprallen oder beim Durchschlagen des Wildkörpers abgelenkt werden,
- beim Schießen mit Einzelgeschossen kein ausreichender Kugelfang vorhanden ist.

(5) Von Wasserfahrzeugen aus darf im Stehen nur geschossen werden, wenn das Fahrzeug gegen Umschlagen und der Schütze gegen Stürzen gesichert sind.
(6) Bei einer mit besonderen Gefahren verbundenen Jagdausübung ist ein Begleiter zur Hilfeleistung mitzunehmen.

Durchführungsanweisung zu Absatz 6
Besondere Gefahren können sich ergeben z. B. durch Witterungs-, Gelände- und Bodenverhältnisse, vor allem im Hochgebirge, auf Gewässern und in Mooren oder bei der Nachsuche auf wehrhaftes Wild.

(7) Fangeisen dürfen nur mit einer entsprechenden Vorrichtung gespannt und nur mit einem geeigneten Gegenstand ge- bzw. entsichert werden.
(8) Fangeisen dürfen fängisch nur so aufgestellt werden, dass keine Personen gefährdet werden.

Durchführungsanweisung zu Absatz 8
Eine Gefährdung kann z. B. vermieden werden, wenn Fangeisen in verblendeten Fangbunkern, Fallenkästen oder Fangburgen aufgestellt werden.

§ 4 Besondere Bestimmungen für Gesellschaftsjagden
(1) Bei Gesellschaftsjagden muss der Unternehmer einen Jagdleiter bestimmen, wenn er nicht selbst diese Aufgabe wahrnimmt. Die Anordnungen des Jagdleiters sind zu befolgen.

Durchführungsanweisung zu Absatz 1
Zur Gesellschaftsjagd gehören z. B. Treibjagden und Drückjagden.

(2) Der Jagdleiter hat den Schützen und Treibern die erforderlichen Anordnungen für den gefahrlosen Ablauf der Jagd zu geben. Er hat insbesondere die Schützen und Treiber vor Beginn der Jagd zu belehren und ihnen die Signale bekanntzugeben.

Durchführungsanweisung zu Absatz 2
Zur Belehrung gehört insbesondere der Hinweis auf die Vorschriften in Absatz 3 sowie in den Absätzen 6 bis 11.

(3) Sofern der Jagdleiter nichts anderes anordnet, ist die Waffe erst auf dem Stand zu laden und nach Beendigung des Treibens sofort zu entladen.
(4) Der Jagdleiter hat Personen, die infolge mangelnder geistiger und körperlicher Eignung besonders unfallgefährdet sind, die Teilnahme an der Jagd zu untersagen.
(5) Der Jagdleiter kann für einzelne Aufgaben Beauftragte einsetzen.

Durchführungsanweisung zu Absatz 5
Zu den Aufgaben des Beauftragten können z. B. das Einweisen der Schützen in die Schützenstände und das Führen der Treiberwehr gehören.

(6) Bei Standtreiben haben der Jagdleiter oder die von ihm zum Anstellen bestimmten Beauftragten den Schützen ihre jeweiligen Stände anzuweisen und den jeweils einzuhaltenden Schussbereich genau zu bezeichnen. Nach Einnehmen der Stände haben sich die Schützen mit den jeweiligen Nachbarn zu verständigen; bei fehlender Sichtverbindung hat der Jagdleiter diese Verständigung sicherzustellen. Sofern der Jagdleiter nichts anderes bestimmt, darf der Stand vor Beendigung des Treibens weder verändert noch verlassen werden. Verändert oder verlässt ein Schütze mit Zustimmung des Jagdleiters seinen Stand, so hat er sich vorher mit seinen Nachbarn zu verständigen.
(7) Wenn sich Personen in gefahrbringender Nähe befinden, darf in diese Richtung weder angeschlagen noch geschossen werden. Ein Durchziehen mit der Schusswaffe durch die Schützen- oder Treiberlinie ist unzulässig.
(8) Mit Büchsen- oder Flintenlaufgeschossen darf nicht in das Treiben hineingeschossen werden. Ausnahmen kann der Jagdleiter nur unter besonderen Verhältnissen zulassen, sofern hierdurch eine Gefährdung ausgeschlossen ist.

Durchführungsanweisung zu Absatz 8
Besondere Verhältnisse können z. B. gegeben sein durch die Geländeform oder bei Ansitzdrückjagden.

(9) Bei Kesseltreiben bestimmt der Jagdleiter, ab wann nicht mehr in den Kessel geschossen werden darf; spätestens darf jedoch nach dem Signal „Treiber rein" nicht mehr in den Kessel geschossen werden.
(10) Die Waffe ist außerhalb des Treibens stets ungeladen, mit geöffnetem Verschluss und mit der Mündung nach oben oder abgeknickt, zu tragen. Bei besonderen Witterungsverhältnissen kann der Jagdleiter zulassen, dass Waffen geschlossen und mit der Mündung nach unten getragen werden, wenn sie entladen sind.
(11) Durchgeh- oder Treiberschützen dürfen während des Treibens nur entladene Schusswaffen mitführen. Dies gilt nicht für Feldstreifen und Kesseltreiben.

Durchführungsanweisung zu Absatz 11
1. Als Feldstreife kann nach Entscheidung des Jagdleiters auch eine Streife mit flankierenden und vorgestellten Schützen in sonstigem übersichtlichen Gelände gelten.
2. Das Mitführen der Schusswaffe mit entladenen Läufen (Patronenlager) ist ausnahmsweise für die Durchgeh- und Treiberschützen zulässig
- für den Eigenschutz,
- für den Fangschuss,
- für den Schuss auf vom Hund gestelltes Wild.

(12) Bei Gesellschaftsjagden müssen sich alle an der Jagd unmittelbar Beteiligten deutlich farblich von der Umgebung abheben.

Durchführungsanweisung zu Absatz 12
Als deutlich farbliche Abhebung eignen sich bei Treibern, Treiber- und Durchgehschützen z. B. gelbe Regenbekleidung oder Brustumhänge in orange-roter Signalfarbe, bei Schützen z. B. ein orange-rotes Signalband am Hut.

(13) Bei schlechten Sichtverhältnissen hat der Jagdleiter die Jagd einzustellen.

Durchführungsanweisung zu Absatz 13
Schlechte Sichtverhältnisse liegen z. B. vor bei dichtem Nebel, einsetzender Dunkelheit oder Schneetreiben.

§ 5 Nachsuche
(1) Der Hundeführer wird durch den Unternehmer oder seinen Beauftragten als Jagdleiter bestimmt; er hat damit Weisungsrecht bei der Nachsuche, falls weitere Personen beteiligt sind.
(2) Der Hundeführer muss die notwendige persönliche Schutzausrüstung benutzen.

Durchführungsanweisung zu Absatz 2
Hierzu kann z. B. das Tragen von Schutzbrille und Schutzhandschuhen gehören.

(3) Der Lauf der Waffe ist vor eindringenden Fremdkörpern zu schützen.

Durchführungsanweisung zu Absatz 3
Hierzu eignen sich z. B. Klebestreifen aus durchschießbarem Material.

(4) Kinder und Jugendliche dürfen nicht an der Nachsuche teilnehmen.
(5) Der Unternehmer hat bei der Nachsuche für die Bereitstellung von Erste-Hilfe-Material zu sorgen.

Durchführungsanweisung zu Absatz 5
Auf die Unfallverhütungsvorschrift „Erste Hilfe" (VSG 1.3) wird verwiesen.

(6) Es gelten im Übrigen die Vorschriften von § 4 Absätze 2, 3, 5, 6, 7, 10 und 12 entsprechend.

§ 6 Übungsschießen
(1) Das Übungsschießen ist nur auf behördlich zugelassenen Schießständen erlaubt.

Durchführungsanweisung zu Absatz 1
1. Die behördliche Zulassung kann auf Grundlage des Bundesimmissionsschutzgesetzes oder des Waffengesetzes erfolgen.
2. Auf die Schießstandordnung und die Schießvorschrift des Deutschen Jagdschutz-Verbandes e. V. wird hingewiesen.

(2) Beim Schießen ist geeigneter Gehörschutz zu tragen.

Durchführungsanweisung zu Absatz 2
Als geeigneter Gehörschutz sind z. B. Gehörschutzkapseln anzusehen. Auf die Unfallverhütungsvorschrift „Allgemeine Vorschriften für Sicherheit und Gesundheitsschutz" (VSG 1.1) wird verwiesen.

§ 7 Hochsitze

(1) Der Unternehmer muss sicherstellen, dass
1. **Hochsitze, ihre Zugänge sowie Stege fachgerecht errichtet und mit Einrichtungen gegen das Abstürzen von Personen gesichert sind,**
2. **bei ortsveränderlichen Hochsitzen die Standsicherheit gewährleistet ist,**
3. **Hochsitze vor jeder Benutzung, mindestens jedoch einmal jährlich, geprüft werden,**
4. **nicht mehr benötigte Einrichtungen abgebaut werden.**

Durchführungsanweisung zu Absatz 1 Ziffer 1
1. Als Absturzsicherung bei Ansitzleitern wird die Waffenauflage angesehen.
2. Auf die Unfallverhütungsvorschrift „Allgemeine Vorschriften für Sicherheit und Gesundheitsschutz" (VSG 1.1) und die Unfallverhütungsvorschrift „Arbeitsstätten, bauliche Anlagen und Einrichtungen" (VSG 2.1) wird verwiesen.
3. Als fachgerecht hergestellt gelten Jagdeinrichtungen, wenn z. B. die Hinweise in der Broschüre „Sichere Hochsitzkonstruktion" beachtet sind.

Durchführungsanweisung zu Absatz 1 Ziffer 2
Auf die Unfallverhütungsvorschrift „Technische Arbeitsmittel" (VSG 3.1) wird verwiesen.

(2) Aufgenagelte Sprossen sind nur an geneigt stehenden Leitern zulässig. Sie sind mit den Leiterholmen fest zu verbinden und auf diesen nach unten hin abzustützen.

§ 8 Ordnungswidrigkeiten

Ordnungswidrig im Sinne des § 209 Absatz 1 Nr. 1 Siebtes Buch Sozialgesetzbuch (SGB VII) handelt, wer vorsätzlich oder fahrlässig den Bestimmungen des
- **§ 2 Abs. 1,**
- **§ 3 Abs. 1 Satz 1,**
- **§ 4 Abs. 1 Satz 1, Abs. 2, 3, 6, 7, Abs. 8 Satz 1, Abs. 10 Satz 1 oder Abs. 11 Satz 1,**
- **§ 5 Abs. 4,**
- **§ 6 Abs. 1 oder**
- **§ 7 Abs. 1 Ziffern 3 oder 4**
zuwiderhandelt.

§ 9 Inkrafttreten

Diese Unfallverhütungsvorschrift tritt am 1. Januar 2000 in Kraft. Gleichzeitig tritt die Unfallverhütungsvorschrift „Jagd" (UVV 4.4) vom 1. Januar 1981 außer Kraft.

Strafgesetzbuch (StGB) – Auszug

1. Auszug
Vierter Titel
Notwehr und Notstand

§ 32 Notwehr
(1) Wer eine Tat begeht, die durch Notwehr geboten ist, handelt nicht rechtswidrig.
(2) Notwehr ist die Verteidigung, die erforderlich ist, um einen gegenwärtigen rechtswidrigen Angriff von sich oder einem anderen abzuwenden.

§ 33 Überschreitung der Notwehr
Überschreitet der Täter die Grenzen der Notwehr aus Verwirrung, Furcht oder Schrecken, so wird er nicht bestraft.

§ 34 Rechtfertigender Notstand
Wer in einer gegenwärtigen, nicht anders abwendbaren Gefahr für Leben, Leib, Freiheit, Ehre, Eigentum oder ein anderes Rechtsgut eine Tat begeht, um die Gefahr von sich oder einem anderen abzuwenden, handelt nicht rechtswidrig, wenn bei Abwägung der widerstreitenden Interessen, namentlich der betroffenen Rechtsgüter und des Grades der ihnen drohenden Gefahren, das geschützte Interesse das beeinträchtigte wesentlich überwiegt. Dies gilt jedoch nur, soweit die Tat ein angemessenes Mittel ist, die Gefahr abzuwenden.

§ 35 Entschuldigender Notstand
(1) Wer in einer gegenwärtigen, nicht anders abwendbaren Gefahr für Leben, Leib oder Freiheit eine rechtswidrige Tat begeht, um die Gefahr von sich, einem Angehörigen oder einer anderen ihm nahestehenden Person abzuwenden, handelt ohne Schuld. Dies gilt nicht, soweit dem Täter nach den Umständen, namentlich weil er die Gefahr selbst verursacht hat oder weil er in einem besonderen Rechtsverhältnis stand, zugemutet werden konnte, die Gefahr hinzunehmen; jedoch kann die Strafe nach § 49 Abs. 1 gemildert werden, wenn der Täter nicht mit Rücksicht auf ein besonderes Rechtsverhältnis die Gefahr hinzunehmen hatte.
(2) Nimmt der Täter bei Begehung der Tat irrig Umstände an, welche ihn nach Absatz 1 entschuldigen würden, so wird er nur dann bestraft, wenn er den Irrtum vermeiden konnte. Die Strafe ist nach § 49 Abs. 1 zu mildern.

2. Auszug
§ 242 Diebstahl
(1) Wer eine fremde bewegliche Sache einem anderen in der Absicht wegnimmt, die Sache sich oder einem Dritten rechtswidrig zuzueignen, wird mit Freiheitsstrafe bis zu fünf Jahren oder mit Geldstrafe bestraft.
(2) Der Versuch ist strafbar.

3. Auszug
§ 292 Jagdwilderei
(1) Wer unter Verletzung fremden Jagdrechts oder Jagdausübungsrechts
1. dem Wild nachstellt, es fängt, erlegt oder sich oder einem Dritten zueignet oder
2. eine Sache, die dem Jagdrecht unterliegt, sich oder einem Dritten zueignet, beschädigt oder zerstört,

wird mit Freiheitsstrafe bis zu drei Jahren oder mit Geldstrafe bestraft.
(2) In besonders schweren Fällen ist die Strafe Freiheitsstrafe von drei Monaten bis zu fünf Jahren. Ein besonders schwerer Fall liegt in der Regel vor, wenn die Tat
1. gewerbs- oder gewohnheitsmäßig,
2. zur Nachtzeit, in der Schonzeit, unter Anwendung von Schlingen oder in anderer nicht weidmännischer Weise oder
3. von mehreren mit Schußwaffen ausgerüsteten Beteiligten gemeinschaftlich

begangen wird.
(3) Die Absätze 1 und 2 gelten nicht für die in einem Jagdbezirk zur Ausübung der Jagd befugten Personen hinsichtlich des Jagdrechts auf den zu diesem Jagdbezirk gehörenden nach § 6a des Bundesjagdgesetzes für befriedet erklärten Grundflächen.

Strafprozeßordnung (StPO) – Auszug

§ 127 Vorläufige Festnahme
(1) Wird jemand auf frischer Tat betroffen oder verfolgt, so ist, wenn er der Flucht verdächtig ist oder seine Identität nicht sofort festgestellt werden kann, jedermann befugt, ihn auch ohne richterliche Anordnung vorläufig festzunehmen. […]

Anhang: Jagdzeiten in Hessen

Tabelle

Wildart	Klasse	Jagdzeit in Hessen
Rotwild[1]	Hirsche, Alttiere, Kälber	01.08.-31.01.
	Schmalspießer, Schmaltiere	01.05.-31.05.
		01.08.-31.01.
Dam[1]-/Sikawild	Hirsche, Alttiere, Kälber	01.09.-31.01.
	Schmalspießer, Schmaltiere	01.08.-31.01.
Rehwild	Ricken, Kitze	01.09.-31.01.
	Schmalrehe, Böcke	01.05.-31.01.
Gamswild		01.08.-15.12.
Muffelwild		01.08.-31.01.
Schwarzwild	Keiler und Bachen	16.06.-31.01.
	Überläufer und Frischlinge	ganzjährig
Feldhasen		01.10.-31.12.
Wildkaninchen		ganzjährig
Fuchs		15.08.-28.02.
Steinmarder		16.10.-31.01.
Dachse		01.08.-31.10.
Marderhunde		01.09.-28.02.
Minks		01.09.-28.02.
Nutrias		01.09.-28.02.
Waschbären		01.08.-28.02.
Rebhühner		(16.09.-31.10.)[2]
Fasanenhähne		01.10.-15.01.
Ringeltauben	adulte Ringeltauben	01.11.-15.01.
	juvenile Ringeltauben	01.11.-20.02.
Türkentauben		(01.11.-15.01.)[2]
Graugänse		01.08.-31.10.[3]
Kanadagänse		01.08.-31.10.
Nilgänse		01.09.-15.01.
Stockenten		01.09.-15.01.
Blässhühner		(01.09.-15.01.)[2]
Lach-, Sturm-, Silber-, Mantel-, Heringsmöwen		(01.10.-15.01.)[2]
Elstern		01.08.-31.12.
Rabenkrähen		01.08.-31.12.

Erläuterungen zur Tabelle

In den Setz- und Brutzeiten dürfen bis zum Selbständigwerden der Jungtiere die für die Aufzucht notwendigen Elterntiere, auch die von Wild ohne Schonzeit, nicht bejagt werden (§ 22 Abs. 4 Satz 1 BJagdG).

Für nicht abschussplanpflichtiges Niederwild, insbesondere Feldhase und Stockente, soll die Bejagung nur so erfolgen, dass sich die Strecke bei ausreichenden Besatzdichten im Rahmen des jährlichen Zuwachses bewegt und die Aufgaben und Ziele nach § 1 des Hessischen Jagdgesetzes berücksichtigt werden.

In der Tabelle nicht aufgeführte Wildarten sind ganzjährig mit der Jagd zu verschonen.

[1] Zur Herstellung einer einheitlichen Jagdzeit in einem länderübergreifenden Rot- oder Damwildgebiet kann die oberste Jagdbehörde vom Bundesrecht oder vom hessischen Landesrecht abweichende Jagdzeiten festsetzen.
[2] Keine Jagdzeit bis 31.12.2019, danach mit der Jagd zu verschonen, wenn kein ausreichender Besatz vorhanden ist.
[3] Graugänse sind in bestimmten Vogelschutzgebieten auf Stillgewässern und innerhalb einer Ruhezone von 70 Metern um den Stillgewässerrand von der Jagd zu verschonen.